Karfiol
Blumenkohl

Eva Derndorfer

Mit Illustrationen von
Linda Wolfsgruber

mandelbaums *kleine gourmandisen*
Nº 45

Danke:
- Frida und Andi, meinem privaten Verkosterteam
- Inge, beste Lektorin ever
- Michael, für die Möglichkeit, immer wieder bei dieser großartigen Gourmandisen-Reihe mitwirken zu können

www.mandelbaum.at
www.mandelbaum.de
ISBN 978-3-85476-922-4

1. Auflage 2022
Lektorat: Inge Fasan
Satz und Umschlaggestaltung: Michael Baiculescu
Illustrationen: Linda Wolfsgruber
Druck: Interpress, Budapest

VORWORT

Ich esse gern Karfiol. Ich habe ihn auch als Kind gemocht, obwohl das damalige Rezept-Repertoire mehr als überschaubar war. Seither hat sich viel verändert: Die Zubereitungen von Karfiol in der Gastronomie, die Anleitungen in Kochbüchern und auch jene Gerichte, die ich selbst koche, sind vielfältiger, raffinierter – einfach besser. Umso überraschender war es für mich, dass es just für diese Gourmandise (bereits meine fünfte) anfangs gar nicht einfach war, Rezepte zu entwickeln. An Ideen mangelte es nicht, doch kaum war Karfiol daheim, forderte meine Tochter ihre Lieblings-Quiche – den pikanten Karfiol-Cheesecake mit Preiselbeeren –, während mein Mann an Home-Office-Tagen gerne anbot, ein indisches Karfiol-Kartoffel-Curry zu kochen. Der Karfiol wurde mir also förmlich aus den Händen gerissen. Letztlich konnte ich den kulinarischen Horizont meiner Familie jedoch um Gerichte wie Karfiol-Kuku, Romanesco-Parathas, Mango-Karfiol-Eis & Co erweitern. Auch Ihnen, liebe Leserinnen und Leser, mögen die neuen Karfiol-Lieblingsgerichte munden. Ich wünsche Ihnen lustvolles Ausprobieren und Entdecken.

VON DER KOHLBLUME UND IHRER ETYMOLOGIE

Kohlblume – so lautet die direkte Übersetzung des italienischen Wortes *cavolfiore* für Karfiol. Ähnlich heißt es im Französischen *chou-fleur*. Und da Karfiol ähnlich klingt wie *cavolfiore*, darf diese Wortherkunft angenommen werden. Aus der wörtlichen deutschen Übersetzung wurde folglich der Blumenkohl.

Die Bezeichnung Karfiol oder Blumenkohl ist nicht an Staatsgrenzen festgemacht, schließlich heißt er in fast ganz Österreich (sowie im angrenzenden Ungarn und der Slowakei) und Süddeutschland Karfiol, im österreichischen Vorarlberg, im schweizerischen Hochdeutsch und im Großteil von Deutschland hingegen Blumenkohl. Auch greift die Karfiol-Blumenkohl-Frage zu kurz, wird der Kopf doch mancherorts auch als Käsekohl, Traubenkohl, Blütenkohl, italienischer Kohl, Brüsseler Kohl oder Minarettkohl bezeichnet. Und Romanesco, der grüne Türmchenkarfiol, heißt nur deshalb so, weil er in der Nähe von Rom gezüchtet wurde.

Streng genommen ist der Karfiolkopf alias Blumenkohl aber gar keine Blüte, sondern ein zusammengewachsener Blütenspross, der Blumen-ähnlich aussieht. Die wirklichen Blüten kämen (theoretisch) erst einige Wochen nach der Erntefähigkeit. Dann streckt sich der Karfiol zu einem meterhohen Blütenstand mit hunderten an weißen oder gelben Blüten. Der essbare Karfiolkopf ist somit »nur« potenzieller Träger von Blüten – so er nicht vorher verspeist wird. Als außergewöhnliches essbares Brautbouquet für (Karfiol-)Freaks ginge die weiße Quasi-Blume dennoch durch, das übliche grüne Drumherum wird dabei gleich mitgeliefert.

WOHER DER KARFIOL KOMMT UND WOHIN DIE REISE GEHT

Die Urform des heutigen Karfiols war bereits im 6. Jahrhundert in Kleinasien bekannt. Kreuzfahrer brachten die Samen von dort nach Italien, wo er bereits im 16. Jahrhundert angebaut wurde. Auf Italien folgte Frankreich, in England kennt man ihn erst seit dem 18. Jahrhundert und bezeichnete ihn anfangs als »italienischen Spargel«, was wohl auf den verwandten Geschmack zurückzuführen ist: Sowohl Spargel als auch Karfiol haben Schwefelnoten.

Am Interesse für Karfiol hat sich in den mediterranen Ländern bis heute wenig geändert: Italien, Frankreich und Spanien zählen weltweit zu den Top 10 der produzierenden Nationen. Von September bis April »reisen« die Köpfe aus diesen Ländern zu uns. Große Mengen kommen zudem aus Polen. Die drei wichtigsten Anbauländer liegen jedoch nicht in Europa: China produziert 9,5 Millionen Tonnen, Indien 8,8 Millionen Tonnen und – mit einem Respektabstand – zählen die USA mit 1,3 Millionen Tonnen zu den größten globalen Produzenten.

Auch im übertragenen Sinne geht die Reise für den Karfiol weiter, denn er wird immer populärer. Laut AMA, der Agrarmarkt Austria Marketing GesmbH., war Karfiol gemeinsam mit seinen Verwandten Kraut (Kohl), Kohl (Wirsing) und Brokkoli im Jahr 2020 der große Gewinner im österreichischen Lebensmittelhandel. Satte 32 Prozent mehr als im vorhergehenden Jahr 2019 wurde von den Kohlgemüsen verkauft – vermutlich eine Folge von verstärktem Selberkochen im Zuge der Corona-Pandemie, aber auch der anhaltende Low-Carb-Trend trägt wohl dazu bei.

Nicht nur Hobby-, auch Profi-Küchenchefs und -chefinnen lieben Karfiol. Yotam Ottolenghi, berühmter britischer Koch, der international vor allem für seine vegetarischen Kochbücher bekannt ist, lobt seine »Fleischigkeit« Und genau diese »Fleischigkeit« ist es vermutlich, welche vegane Cauliflower Buffalo Wings, die als Snack für die US-Superbowl 2022 gepriesen werden, gerade Furore machen lässt. Karfiol verhält sich im gebackenen Zustand tatsächlich ähnlich wie Fleisch: Er bleibt innen zart und wird außen knusprig.

Karfiol lässt sich aber nicht nur vor dem Bildschirm zur Superbowl snacken, sondern auch zu einem guten Buch. Manchmal steckt er auch *in* der Geschichte.

LITERATUR FÜR KINDER UND PHYSIKER

Gemüse schaffen es immer wieder in die Kinderliteratur – etwa in Märchen. Im italienischen »Märchen von den Katzen« stellt ein großer Karfiolkopf die Eingangspforte zu einer Katzenwohnung dar. Das Märchen erinnert stark an Frau Holle. Ein braves Mädchen, dessen Eltern bereits gestorben sind, lebt bei seiner Stiefmutter und Stiefschwester und arbeitet den ganzen Tag hart und fleißig. Als sie hinausgeschickt wird, um eine Zichorie zu holen, findet sie stattdessen auf dem Feld einen riesengroßen Karfiolkopf. Sie zieht daran und findet darunter den Eingang zur Katzenwohnung. Sie tritt ein und hilft den emsigen Katzenkindern bei der Arbeit, bis die Katzenmutter zum Mittagstisch ruft. Das Mädchen wird von der Katzenmutter für seine Arbeit mit einem guten Mittagessen, schönen Kleidern und Schmuck belohnt. Die Stiefmutter will nun dasselbe Glück für ihre leibliche Tochter. Diese ist jedoch faul, ärgert die Katzenkinder lieber, als ihnen zu helfen, und bekommt als »Lohn« alte, schmutzige Kleidung und statt Schmuck ekelhafte Würmer, die sich nicht mehr vom Körper entfernen lassen.

Auch ein sehr verbreiteter englischsprachiger Kinderreim, eigentlich ein Kinderrätsel, widmet sich dem Karfiol, der hier einmal mehr als Blume bezeichnet wird:

I am a flower, but not from a bower
I grow in a field with the maize or the clover
If I'm chopped to pieces you could make a slew
Or marinate and fry me, I could be a tasty chew!
Or marinate and fry me, I could be a tasty chew!

Einen völlig anderen Literaturbezug stellten Physiker her. In der *Neuen Züricher Zeitung* konnte man im Juni 2016 nachlesen, »was Literatur mit Blumenkohl zu tun hat«. Physiker entdeckten in literarischen Texten »fraktale Strukturen«, die so benannt werden, wenn die einzelnen Bestandteile dem Ganzen ähneln. Beim Karfiol, und besonders offensichtlich beim Romanesco, ist das der Fall, denn die einzelnen Röschen ähneln dem ganzen Kopf und die Struktur von Sätzen jener eines ganzen Textes. Wie auch immer man sich diese Analyse von Literatur vorstellen darf – wir sind damit bei den Naturwissenschaften angekommen.

VON DER BOTANIK BIS ZUR MATHEMATIK

Karfiol *(Brassica oleracea var. botrytis L.)* zählt, wie alle Kohlgewächse, zur Familie der Kreuzblütler. Er ist eine Zuchtform, die aus der in Kleinasien beheimateten Urform *Brassica oleracea var. silvestris* abstammt. Romanesco *(Brassica oleracea convar. botrytis var. botrytis)* ist keine eigenständige Gemüsesorte, sondern eine Variante des Karfiols.

Die Karfiolpflanze besteht aus einem dicken, von Blättern umgebenen Stängel, auf dem der Strunk wächst. Jede Pflanze kann nur einen Karfiolkopf produzieren (die Sorte Multi Head ist eine Ausnahme), der je nach Sorte leicht konvex oder pyramidenförmig wächst. Da Karfiol bereits über mehrere Jahrhunderte hinweg gezüchtet wird, ist anzunehmen, dass es einige hundert Sorten gibt – genaue Zahlen kursieren aber nicht.

Im Anbau ist Karfiol komplizierter als der von Brokkoli oder anderen Kohlsorten. Er hat besondere Ansprüche an den Boden, der für den Starkzehrer sehr nährstoffreich sein muss – Kompost einbringen ist also ratsam. Karfiol muss auch viel gegossen werden. Und er ist anfällig für Schädlinge, weshalb sich v.a. bei früher

Auspflanzung eine Folienabdeckung empfiehlt. Feinde des Karfiols sind der Kohlzünsler, die Kohldreherherzmücke, Blattläuse oder Harlekinwanzen. Und dann gibt es noch die Pilzkrankheit Kohlhernie, die mühsam zu bekämpfen ist, weil die Pilzsporen viele Jahre im Boden überleben. Fruchtfolge ist damit ein Muss. Eine Alternative ist die Wahl der Sorte Clapton, eine moderne Karfiolzüchtung, die gegen Kohlhernie resistent ist.

Zum Anbau werden zuerst Jungpflanzen vorgezogen – womit man im Jänner oder Februar im geheizten Gewächshaus beginnen kann. Damit er nicht zu schießen beginnt, sollte die Anzuchttemperatur des Karfiols bei etwa 18 °C liegen. Werden die Jungpflanzen dann ab April ins Freie versetzt, gräbt man sie bis zu den Keimblättern in Erde. Alternativ kann von Mitte April bis Ende Juni eine Direktsaat im Freien erfolgen. Erntereif ist der Karfiol bei uns von Juni bis Oktober. Er braucht Sonnenwärme, doch lauert Sonnenbrand-Gefahr! Selbstdeckende Sorten, deren Blätter den Kopf abdecken, sind aus wirtschaftlichen Gründen heute verbreitet, bei anderen wartet nun ein arbeitsaufwendiger Schritt: Damit der Karfiol richtig weiß bleibt, wird er »abgedeckt«, d.h., ein oder zwei Blätter werden gepflückt und quasi als Sonnendach über den Kopf gelegt (Sisyphos lässt grüßen!). Alternativ wird er mit Folien abgedeckt. Das machen auch viele Hobbygärtner und -gärtnerinnen. Denn ist der Kopf der direkten Sonnenstrahlung ausgesetzt, verfärbt er sich, sprich: Er »vergilbt«. Ob dies das buchstäbliche »Schattendasein« des Gemüses über lange Zeit erklärt? Bei bunten Karfiol-Sorten sind die Blütenstände übrigens nicht vollständig von den Hüllblättern umschlossen, sie färben sich bei Lichteinwirkung in der entsprechenden Farbe.

In Ländern mit mildem Klima kann Karfiol auch im Winter geerntet werden. Die Rede ist etwa von der Bretagne oder der spanischen Mittelmeerküste. Gute Nachbarschaft pflegt der Karfiol mit Endivien, Erbsen, Gurken, Sellerie, Spinat oder Roten Rüben/Roten Beten. Mit Kohl/Wirsing, Kartoffeln, Zwiebelgewächsen oder Rhabarber verträgt er sich weniger gut. Im Beet, wohlgemerkt, denn kulinarisch sind Karfiol und Rhabarber ein durchaus stimmiges Duett, und Kartoffeln und Karfiol findet man international in allen möglichen Rezepten als bewährte Kombination.

Hat man ihn dann einmal geerntet, hält man eine geometrische Besonderheit in Händen, und das gleich auf zweierlei Weise: Die Röschen des Karfiols sind in Spiralform angeordnet. Besonders offensichtlich zu sehen sind die Spiralen beim Romanesco, da die Röschen hier als Türmchen hervorstehen, aber auch der Karfiol weist diese Spiralen auf. Die Anzahl der Spiralen ist nicht zufällig. In der Regel zählt man fünf Spiralen im Uhrzeigersinn und acht Spiralen gegen den Uhrzeigersinn. Manchmal sind es auch acht Spiralen im Uhrzeigersinn und dreizehn gegen den Uhrzeigersinn. Diese Zahlen (5, 8, 13) entsprechen der sogenannten Fibonacci-Folge, die folgendermaßen gebildet wird: Es werden immer die zwei vorhergehenden Zahlen addiert, um die nächste Zahl zu erhalten. Beginnend mit den Zahlen 0 und 1, ist die dritte Zahl die Summe der beiden vorhergehenden, also 1. Es folgt – wieder als Summe der beiden vorhergehenden Zahlen 1+1 die Zahl 2, dann (als Summe von 1+2) die Zahl 3, dann (mit 2+3) die Zahl 5, es folgen 8, 13, 21 …

Die Fibonacci-Folge war bereits den alten Griechen bekannt, aber nicht unter diesem Namen. Sie wurde später nach einem gewissen Leonardo Fibonacci (um 1170 – nach 1240) benannt, der damit das Wachstum einer Kaninchenpopulation beschrieb. Interessanterweise findet man diese Zahlenfolge in der Natur immer wieder. Herbert Franke, Wissenschaftler und Künstler, beschrieb damit etwa das Wachstumsprinzip einer Kakteenart. Generell sind bei vielen Pflanzen die Blätter oder Fruchtstände spiralförmig angeordnet und wachsen pro Runde entsprechend der Fibonacci-Folge.

Die zweite geometrische Eigenschaft des Karfiols ist seine Selbstähnlichkeit, d. h., die Anordnung der Röschen wiederholt sich in jedem Röschen und wiederholt sich in jedem Röschen usw. Typischerweise wiederholt sich das Muster mindestens sieben Mal. Auch hier ist das Phänomen beim Romanesco offensichtlicher, tritt aber auch beim Karfiol auf. Die Eigenschaft der Selbstähnlichkeit tritt in der Mathematik bei sogenannten *Fraktalen* auf, man kennt sie aber auch von Eiskristallen, Blutgefäßen oder Farnen. Erst kürzlich konnte ein Team aus Mathematiker*innen und Biolog*innen klären, wie es zum fraktalen Wachstum beim Karfiol kommt.

DEN KOPF HÄNGEN LASSEN: TIPPS FÜR ERNTE, EINKAUF UND LAGERUNG

Wer Karfiol kauft anstatt ihn anzubauen (also die meisten von uns), sollte beim Einkauf darauf achten, dass der Kopf kompakt und schwer ist. Im Normalfall wiegt er zwischen 0,5 und 2,5 kg. Er sollte nicht körnig sein und keine Lücken zwischen den Röschen aufweisen – dies wäre ein Zeichen von Überreife. Karfiol hält sich eine Woche im Kühlschrank, aber er büßt bereits nach drei Tagen etwas von seiner Festigkeit und damit seiner Qualität ein. Ethylen produzierende Früchte wie Äpfel, Bananen oder Tomaten sollten nicht in Karfiol-Nähe liegen. Bananen und Tomaten haben im Kühlschrank allerdings ohnehin nichts verloren.

Die meisten heute erhältlichen Sorten sind Hybridsorten, die gleichzeitig reifen – das betrifft nicht nur den Karfiol, sondern alle Hybridpflanzen, und deren gibt es in der Landwirtschaft viele. Was für den kommerziellen Anbau praktisch ist – neben der gleichzeitigen Reife auch die große Ähnlichkeit der Früchte, die sich damit leichter verpacken oder verarbeiten lassen –, ist für Hobbygärtner ein Problem: Was tun mit den zahlreichen Köpfen? Für alle, die womöglich viele Köpfe auf einmal vor sich haben, gibt es einen speziellen Lagertipp: Karfiol samt Wurzeln aus der Erde ziehen, die unteren Blätter entfernen und den Karfiol kopfüber an einem kühlen Ort aufhängen. So hält er sich angeblich vier Wochen.

Fällt die Ernte im Hausgarten noch größer aus, lässt sich Karfiol bekanntlich einfrieren. Dafür wird er üblicherweise vorher blanchiert (wobei Tiefkühl-Karfiolreis sowohl blanchiert als auch roh zerkleinert und gefroren erhältlich ist). Für die Verwendung in Suppen ist diese Form brauchbar, aber viele Gerichte, in denen der Karfiol entweder roh verwendet oder im Ganzen geschmort wird oder Röschen in der Pfanne geröstet werden, sind damit nicht möglich.

Seit gut 20 Jahren werden Karfiolröschen auch vorgeschnitten und abgepackt als rohes Frischegemüse quasi pfannenfertig im Handel angeboten. Das mag fürs Kochen ein Convenience-Faktor sein, lagerfähig ist dieser Karfiol aber nicht, er sollte am Einkaufstag zubereitet werden. Und nährstoffschonend ist die frühzeitige Zerteilung auch nicht, da der Karfiol auf diese Weise mehr Licht abbekommt. Doch was enthält der Karfiol überhaupt?

ÄSTHETIK MIT ERWÜNSCHTEN NEBENWIRKUNGEN

Bei weißem Karfiol ist die Nichtfarbe auf das Flavonoid *Quercetin*, einen sekundären Pflanzeninhaltsstoff, zurückzuführen. Quercetin ist eigentlich ein hellgelber Farbstoff, der in der Karfiol-Matrix aber naturweiß erscheint. Will man dieses Weiß erhalten, darf der Karfiol nicht gebraten oder im Ofen geschmort werden, da bei diesen Zubereitungen Karamellisierungen und Bräunungsreaktionen stattfinden. Diese Reaktionen sind verantwortlich dafür, dass Gebackenes und Gebratenes ein entsprechendes Röstaroma ausbilden. Um die weiße »Nichtfarbe« zu erhalten, sind neben dem Rohzustand das Kochen in Flüssigkeiten, Dampfgaren und Niedertemperaturgaren geeignete Zubereitungstechniken. Wird beim Kochen etwas Zitronensaft oder Milch zugefügt, bleibt der Karfiol ebenso weiß. Weiße Sorten sind der Erfurter Zwerg, Amsterdam, Barcelona, White Rock, Alpha, Walcheren Winter (ein Winterkarfiol, der im Sommer ausgepflanzt und im darauffolgenden Frühling geerntet wird), Multi Head (der mit mehreren Köpfen pro Pflanze eine Ausnahmeerscheinung ist), Neckarperle, Herbstriese (hier ist der Name Programm), Odysseus, Dominant, Tabiro, der cremefarbene Freedom oder der Winterkarfiol Selektion Z. Diese Aufzählung ist bei Weitem nicht vollständig.

Bunte Karfiolsorten enthalten Farbstoffe: Anthocyane sind in violettem Karfiol enthalten, Beta-Carotin in orangem, und der grüne Romanesco verdankt seine Farbe dem Chlorophyll.

Beta-Carotin ist als Vitaminvorstufe, als Provitamin A, hinreichend bekannt. Unser Körper wandelt vom Nahrungs-Beta-Carotin schlauerweise genau so viel um, wie er an Vitamin A benötigt – und zwar für Haut und Schleimhäute, den Sehvorgang, das Immunsystem und die Embryonalentwicklung. Um verfügbar zu sein, benötigt es etwas Fett – was bei zubereiteten Speisen ohnehin der Normalzustand ist. Cheddar F1 ist eine orange Karfiolzüchtung mit viel Beta-Carotin.

Anthocyane sind violette sekundäre Pflanzeninhaltsstoffe. Der Begriff Anthocyane leitet sich vom griechischen *ánthos* (Blüte) und vom altgriechischen *kyáneos* (dunkelfarbig) ab. Anthocyane sind nicht lichtstabil und zudem wasserlöslich. Will man die Farbe beim Kochen von violettem Kohl erhalten, muss man Auslaugprozesse (sprich: Kochen in Wasser) vermeiden. Der Farbe Violett wird, das ergab eine allgemeine Befragung zum Thema Farbwirkung, Extravaganz zugeordnet. Etwa ein Drittel der Probanden waren dieser Meinung. Das passt zu violettem Karfiol, der nach wie vor eher außergewöhnlich ist. Beispiele für solch »extravagante« Karfiolsorten sind Graffiti violett, Purple Cape oder Violetter Sizilianer (Di Sicilia Violetto). Es gibt aber auch lila Romanesco.

Grüne Karfiolsorten wie Susana, Shannon, Marches Green oder der Türmchenkohl Romanesco enthalten Chlorophyll. Mit dessen Hilfe bilden Pflanzen aus Kohlendioxid, Wasser und Sonnenlicht Kohlenhydrate. Romanesco behält seine schöne, hellgrüne Farbe nach dem Kochvorgang durch kurzes Abschrecken in eiskaltem Wasser. Das ist natürlich nicht bei allen Rezepten möglich.

VON BALLASTSTOFFEN UND BRAIN FOOD

Karfiol ist ein Musterschüler: Wie die meisten Gemüse ist auch er sehr energiearm. Gerade mal 25 kcal sind in 100 g Karfiol enthalten. Das liegt auch am hohen Wassergehalt – mit 92 Prozent Wasseranteil übertrumpft der Karfiol sogar knapp jenen von Erdbeeren, was man nie vermuten würde. Neben den gesundheitsrelevanten Farbstoffen enthält er Vitamine, Ballaststoffe und weitere sekundäre Pflanzeninhaltsstoffe.

200 g Karfiol decken etwa den Tagesbedarf an *Vitamin C*. Wie relevant das ist, steht allerdings auf einem anderen Blatt Papier, denn Vitamin C ist heute nicht gerade ein Mangelvitamin. Das liegt nicht an der definitiv verbesserungswürdigen Menge an Obst und Gemüse, die der Durchschnittsmensch konsumiert, sondern daran, dass Vitamin C alias Ascorbinsäure oder E300 sehr vielen Produkten als Antioxidans zugesetzt wird. Auch Wurst, Marmelade oder Mehl werden damit zu Vitamin C-Spendern, die Salami dankt die Erhaltung ihrer roten Farbe letztlich dem zugesetzten Vitamin C.

Relevanter als Vitamin C erscheinen daher die im Karfiol enthaltenen *Ballaststoffe*. Einerseits sind sie gut für die Verdauung. Andererseits wirken Ballaststoffe mitunter präventiv gegen Schlaganfall. In einer auf die Dauer von 10 Jahren angesetzten Studie wurden ca. 20.000 gesunde Erwachsene zwischen 20 und 65 Jahren befragt, wie oft sie welche Früchte und Gemüse essen. Ziel war es herauszufinden, wie sich der Konsum von Obst- und Gemüse verschiedener Farben auf das Risiko für Herz- Kreislauferkrankungen auswirkt. Zur Auswertung wurden die angegebenen Früchte und Gemüse daher in Farbgruppen zusammengefasst. Das Ergebnis: Weiße Gemüse und Früchte – in der Gruppe waren neben Karfiol auch Zwiebel, Knoblauch, Lauch, Gurke, Chicorée, Äpfel, Birnen und Bananen – wirkten präventiv gegen Schlaganfall. Wer mehr als 170 g weißes Obst und Gemüse pro Tag aß, halbierte sein Schlaganfallrisiko im Vergleich zu denjenigen, die täglich nur 80 g »Weiß« zu sich nahmen. Langfristig, also täglich und über zehn Jahre konsumiert, verringerte sich das Schlaganfallrisiko um 9 Prozent pro 25 g weiße Pflanzenkost. Das ist nicht nichts! Mögliche Erklärungen gibt es zweierlei: Einerseits senken die Ballaststoffe den Blutdruck und verbessern die Blutfettwerte, andererseits enthalten weiße Gemüse und Früchte das bereits erwähnte Flavonoid Quercetin, das präventiv gegen Herz-Kreislauf-Erkrankungen wirkt. Es schützt bei regelmäßiger Aufnahme (übrigens in normalen Mengen) aber auch vor Magenkrebs, Asthma und Alzheimer.

Thiocyanate und *Isothiocyanate* in Kohlgemüsen, darunter Karfiol, werden als protektiv gegen Krebserkrankungen betrachtet – sie wirken vorbeugend und hemmend. Sie entstehen als Abbauprodukte aus Senfölglycosiden (auch Glucosinolate genannt), das sind schwefelhaltige sekundäre Pflanzeninhaltsstoffe, die wiederum aus Aminosäuren, also Eiweißbausteinen, entstehen.

Sein Gehalt an *Zitronen-* und *Apfelsäure* macht den Karfiol verträglicher und bekömmlicher als andere Kohlsorten. Er eignet ich daher als Schonkost ebenso wie für Babybreie. Die frühere Empfehlung, in der Stillzeit auf Karfiol zu verzichten, gilt als überholt. Stillenden Müttern wird heute stattdessen geraten auszuprobieren, was sie und das Baby an Kohlgemüsen vertragen.

Als sei dem nicht genug, ist noch *Cholin* zu nennen, das gerne als Gehirnfutter gehyped wird. Cholin ist Bestandteil des Nervenbotenstoffes Acetylcholin, der für unser Gedächtnis, unsere Aufmerksamkeit und unsere Konzentrationsfähigkeit bedeutend ist. Cholin kommt in Nüssen vor, die als Brain Food bekannt und beliebt sind. Die Mengen im Karfiol (und anderen Kohlsorten) fallen jedoch ähnlich hoch aus wie in Nüssen, nur dass man mehr Karfiol als Nüsse in einer Portion essen kann. Andere Gemüse stehen diesbezüglich eindeutig im Schatten von Karfiol & Co.

Last but not least: Man kann beim Karfiol auch die jungen, hellen Blätter essen – damit hat man auch das Vitamin *Folsäure* im gesundheitlichen Repertoire. Karfiolstrünke werden ebenso in verschiedenen Produkten eingesetzt. Statt *leaf to root* also *floret to leaf to stalk*.

Wer Nährstoffe erhalten möchte, muss das auch beim Kochen bedenken (Brainfood Blumenkohl sollte das ermöglichen). Beta-Carotin ist relativ hitzestabil und die Verfügbarkeit des Provitamins wird durch Kochen sogar verbessert. Auch Quercetin wird durch Kochen nicht beeinträchtigt. Mineralstoffe oder Senfölglycoside halten die Hitze beim Kochen gut aus, können aber auslaugen und ins Kochwasser übergehen. Beim Dampfgaren oder Dünsten kann das nicht passieren. Vitamin C leidet hingegen unter Hitze.

KARFIOL FÜR EINE ZUKUNFTSFÄHIGE ERNÄHRUNG

Beim Essen geht es bekanntlich nicht nur um Geschmack und Gesundheit, sondern auch um Nachhaltigkeit, um einen niedrigen ökologischen Fußabdruck, der sich aus der Art der landwirtschaftlichen Produktion, Verarbeitung, Verpackung und des Transports ergibt. Der Fußabdruck zeigt, wie viel CO_2 direkt oder indirekt durch ein Produkt entsteht. Beim Karfiol liegt dieser Wert einer aktuellen deutschen Studie zufolge bei 0,2 kg CO_2-Äquivalent / kg Gemüse. Im Vergleich dazu haben Karotten eine Bilanz von 0,1 und landet eine durchschnittliche Avocado bei 0,6 kg. Das Durchschnitts-Rindfleisch hat einen deutlich höheren Abdruck von 13,6 kg CO_2-Äquivalent / kg Fleisch. Das stellt dem Karfiol ein gutes Zeugnis aus.

Und doch gibt es auch beim Karfiol Aufholbedarf. Einerseits weil ein Drittel aller produzierten Lebensmittel – und damit wohl auch der Karfiol – im Müll landet. Andererseits weil sich dazu auch noch Lebensmittelabfälle gesellen, die als nicht essbar betrachtet werden, obwohl sie essbar sind. Beim Karfiol machen diese genusstauglichen »Abfälle« alias Stiele, Strünke und Blätter 45–60 Prozent des Gesamtgewichts aus. Auf diese Weise wird nicht nur der Müllberg größer, es wird auch eine kostengünstige Nährstoffquelle verschwendet.

Umso begrüßenswerter sind daher einige aktuelle Studien aus Indien, immerhin Karfiol-Weltproduzent Nummer 2, aber auch aus Ägypten, in denen Lebensmitteltechnolog*innen versuchen, Karfiolabfälle sinnvoll zu verwerten. Und sie haben Antworten auf das Abfallproblem gefunden: So kann Karfiolextrakt aus Karfiolabfällen als natürliches Antioxidationsmittel Würsten zugesetzt werden. Bei Brezeln ist es möglich, 10 Prozent des Weizenmehls mit getrockneten Karfiol-Stielen zu ersetzen, ohne die sensorische Qualität zu reduzieren. Beim indischen Paratha, einem ungesäuerten Fladenbrot, sowie bei Mathri, indischen Keksen, wurden versuchsweise geriebene Stiele inkorporiert, in geringer Dosis ebenso mit Erfolg. Auch der Strunk von Karfiol kann übrigens gegessen werden – er erinnert sensorisch an Kohlrabi.

KOHLDAMPF! DIE SENSORISCHE SEITE

Grün-grasig und schwefelig, daneben leicht nussig, zitrusartig, buttrig und erdig – so kann man das Aroma von Karfiol beschreiben.

Schwefelnoten sind in allen Karfiolsorten enthalten. Sie beruhen auf den kohltypischen Aromastoffen *Dimethylsulfid* und *Dimethyldisulfid* und dem an gekochte Zwiebel erinnernden *Dimethyltrisulfid*, das bereits im rohen Karfiol vorhanden ist. In Romanesco ist hingegen der grün-grasig-fruchtige Aromastoff *Z-3-Hexenol* olfaktorischer Hauptakteur, bei klassischem weißem Karfiol tritt dieser Aromastoff stärker in den Hintergrund und eher in den Blättern auf. Karfiol auf Vorrat einzukaufen macht keinen Sinn, denn wird er länger gelagert, nehmen das kohlartige Dimethylsulfid und das grasige Z-3-Hexenol ab, das zwiebelartige Dimethyltrisulfid nimmt jedoch zu.

Ist der Karfiolkopf noch ganz, mutet er mild und noch kaum schwefelig an. Das liegt daran, dass in der Pflanzenzelle das Pflanzenenzym Cystein-Sulfoxid-Lyase vom schwefeligen Inhaltsstoff, dem *S-Methyl-L-Cystein-Sulfoxid*, räumlich getrennt vorliegt. Wird das Gewebe aber mechanisch verletzt, etwa beim Schneiden des Gemüses, treffen Enzym und schwefeliger Inhaltsstoff aufeinander. Letzterer wird gespalten, und durch weitere Reaktionen entstehen die genannten schwefeligen Gerüche. Wir kennen das auch vom Knoblauch, der erst beim Zerkleinern seinen ausgeprägten Duft verströmt.

Ein Teil der schwefeligen Aromen wird auch beim Essen erzeugt. Dabei nehmen nicht alle von uns gleich viel des schwefeligen Aromas wahr. Das liegt an unserem individuellen bakteriellen Spektrum im Mund, dem oralen Mikrobiom. In einer Studie wurden Speichelproben von Eltern und Kindern ex vivo mit rohem Karfiolpulver (sprich: stark zerkleinertem Karfiol) vermischt und die Menge an entstandenen Aromen chemisch gemessen. Die Konzentration des unangenehm riechenden Aromastoffes Dimethyltrisulfid stieg in den Speichelproben vieler Personen im Laufe der Zeit an, während andere Aromen abnahmen – es gab jedoch große individuelle Unterschiede. Bei Kindern, nicht aber bei Erwachsenen, fand man einen signifikant negativen Zusammenhang zwischen Schwefelverbindungen im Speichel und der Beliebtheit von rohem Karfiol, d.h., je mehr schwefelige Aromen im Speichel gemessen wurden, desto weniger wurde roher Karfiol gemocht. Dass Aromen erst im Mund entstehen, ist übrigens nicht auf Karfiol reduziert – selbst bei der Schokolade werden manche Aromen im Mund bei Speichelkontakt gebildet.

Beim Kochen ändert sich das Aromaspektrum natürlich auch: Das grüne Aroma geht verloren, die schwefeligen Aromen nehmen noch mehr Fahrt auf. Je höher die Temperatur, desto mehr *Methanthiol*, ein an gekochte Eier erinnernder Geruch, wird gebildet. Auch erdig-pilzige Aromen kommen hinzu.

Der schwefelige Geruch beim Kochen ist wohl der Hauptgrund, warum Karfiol die Geister scheidet. Aber wozu gibt es Fenster, Dunstabzüge und das sensorische Phänomen der Adaption, das dazu führt, dass man Umgebungsgerüche nach kurzer Zeit kaum mehr wahrnimmt, um etwaige neu auftretende Gerüche – potenzielle Gefahren – sofort zu bemerken? Beim Essen kann man der Schwefeligkeit dann ohnehin ein Schnippchen schlagen, etwa indem man die Garzeiten kurz hält oder indem man einem Karfiolgericht etwas Vanille oder Kokosmilch zufügt (als Autorin der Vanille-Gourmandise habe ich das ausreichend erprobt). Ein Lorbeerblatt in Karfioleintöpfen ist nicht nur geschmacklich stimmig, sondern beugt ebenso der starken Ausbreitung von Kohldüften vor. Andere Lösungsvorschläge macht Niki Segnet im berühmten Buch »Der Geschmacksthesaurus«: So »lassen sich seine derberen Duftnoten durch Sahne oder Kartoffeln kaschieren«. Aloo Gobi, das indische Kartoffel-Karfiol-Curry (S. 41) lässt ebenso grüßen wie das sahnige Karfiol-Schoko-Eis (S. 54), dem man den Schwefel in keiner Weise anmerkt. Kohldampf im übertragenen Sinn ist somit durchaus angesagt.

Karfiol enthält den Aromastoff *Methional*, der auch in Kartoffeln vorkommt. Es ist also auch in dieser Hinsicht nicht überraschend, dass Karfiol und gekochte Kartoffeln harmonieren. Buttrige und karamellige Töne gehen auf *2,3-Butandion* zurück, das in gekochtem oder gedünstetem Karfiol und Romanesco zu finden ist. Beim kurzen (!) Kochen kommen dank *3-Caren* Zitrusnoten zum Vorschein, die Kombination mit Zitrusfrüchten oder Zitronensaft in Speisen liegt nahe. Nussig ist das *2,3-Pentandion*. Mit Nüssen, Nussmus oder Nussbutter kann es ergänzt und verstärkt werden, können geniale Food-Pairing-Partner gefunden werden – die Kombination aus Karfiol und Nüssen punktet besonders: Sie sind Brainfood-Partner.

Im Geschmack ist Karfiol vordergründig süß und nur leicht bitter. Und während wir für Süße eine angeborene Vorliebe haben, ist bei Bitterkeit das Gegenteil der Fall. Für die Bitterkeit von Kohlgewächsen sind *Glucosinolate* verantwortlich, v.a. das *Glucobrassicin*. Es nimmt mit längerer Lagerung zu, die Bitterkeit steigt somit bei gelagerter Ware an. Allerdings zählt Karfiol zusammen mit Kohlrabi zu jenen Kohlgewächsen mit dem niedrigsten Gehalt an Glucosinolaten. Die dezente Süße des Karfiols maskiert die leichte Bitterkeit. Süße kann aber auch beim Kochen verstärkt werden, etwa durch Honigzugabe beim Rösten. So wird die Bitterkeit weiter reduziert.

Andere Geschmacksrichtungen wie sauer, salzig und umami kommen durch andere Zutaten in Karfiolgerichte, stammen aber nicht vom Gemüse selbst. So ist Käse ein guter Umami-Partner, ebenso wie Tomaten. Säure kommt in Form von Zitronensaft, Kapern oder auch Stachelbeeren (S. 30) ins Spiel.

FOOD PAIRING UND COMPLETING

Wissenschaft, gepaart mit Mut: Das ist vielleicht die Zusammenfassung dessen, was Food Pairing bedeutet: eine wissenschaftliche Erklärung, warum Zutaten zusammenpassen und ein harmonisches Ganzes ergeben (können). Kochen, also ein Gericht aus den zusammenpassenden Zutaten zu komponieren, muss man allemal selbst: Karfiol passt beispielsweise zu Kakao. Das ist wissenschaftlich erwiesen. Ob man daraus Karfiolsuppe mit Kakaocroûtons oder einen Karfiol-Schoko-Kuchen macht, liegt am persönlichen Geschmack. Auch mit Kaffee kann scharf angebratener Karfiol dank entstehender Röstnoten kombiniert werden. Mutige probieren das Karfiol-Blattrippengemüse mit Espresso von S. 36.

Gemüse, die gut mit Karfiol können, sind Wurzelgemüse (Karotte/Möhre, Pastinake, Rote Rübe/Rote Bete, Petersilienwurzel), Hülsenfrüchte (Erbsen, Fisolen/Grüne Bohnen) sowie Zwiebeln und Tomaten. Im Rezeptteil finden Sie die Kombination aus Tomate und Karfiol in Form eines Salates (S. 29) und auch im Aloo Gobi (S. 41). Letzteres enthält neben Karfiol auch Zwiebel und Kartoffel – wen wundert es, dass dieses einfache Gericht so himmlisch schmeckt?

Bei den Gewürzen drängen sich Ingwer, Koriander, Kreuzkümmel, Kurkuma, Muskatnuss und Pfeffer auf. Vanille, Anis, Gewürznelken und Tonkabohne weisen Aromen auf, die nicht im Karfiol vorkommen, sie bieten einen interessanten Kontrast – also Food Completing – zum Gemüse. Yotam Ottolenghi beispielsweise kombiniert Karfiol mit Ingwer, indem er die Röschen in gesalzenem Ingwer-Minz-Wasser kocht und beides – Kochflüssigkeit und Röschen – in einer kalte Gurken-Blumenkohl-Ingwer-Gazpacho serviert. Der Kreativität sind also keine Grenzen gesetzt – nur denen, die man selbst im Kopf hat.

Wine Pairing mit Karfiol ist nicht einfach und hängt nicht nur vom distinkten Aroma des Kohlgewächses ab, sondern auch stark von der Zubereitung. Wird das Gemüse roh verzehrt, passt ein österreichischer Grüner Veltliner dazu. Geschmort oder geröstet sind ebenfalls trockene Weißweine von Vorteil. Zu Curry passt hingegen ein lieblicher Gewürztraminer. Und ein Karfiol-Käse-Gratin kann gemeinsam mit einem Gläschen Chardonnay, in Holz ausgebaut, genossen werden. Bei einer Low-Carb-Karfiolpizza hängt die Weinbegleitung vordergründig vom Pizzabelag ab.

Als Autorin eines Buches zum Thema alkoholfreie Drinks ist mir auch die (alkoholfreie) Getränkeempfehlung ein Anliegen. Säurehaltige Drinks »funktionieren« analog zu trockenen Weißweinen gut. Das können zitrushaltige Drinks sein (eines meiner Lieblingsrezepte ist ein Wacholder-Fizz aus Wacholder-Zitronen-Ingwer-Sirup, Zitronensaft und Mineralwasser), ein Shrub oder auch ein fruchtiger Drink mit Verjus.

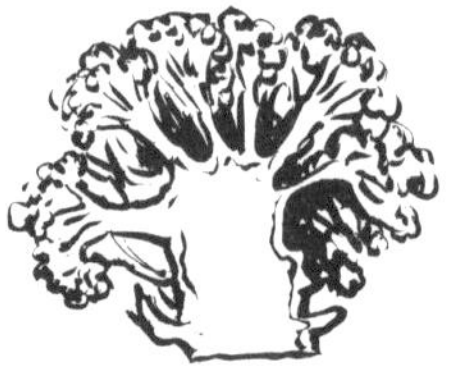

KARFIOL-METAMORPHOSE

»Frittieren bewirkt bei Blumenkohl eine völlige Verwandlung. Es verleiht ihm einen süßen, moschusartigen Geschmack und eine cremige Textur«, so Niki Segnit im »Geschmacksthesaurus«. Doch Zubereitungstechniken für Karfiol gibt es viele: Dampfgaren, Kochen, Braten, Schmoren, Pürieren, Einlegen, Fermentieren. Fermentieren lassen sich auch Karfiolblätter. Wer das Gemüse im Ofen schmort, kann es zunächst mit Alufolie vor allzu großer Hitze schützen. Auf diese Weise dünstet das Gemüse zuerst bei mittlerer Temperatur, Strukturen verfestigen sich und schließen Wasser ein. Wird dann die Folie entfernt, nimmt das Gemüse Farbe und Röstaromen an. Schmort man Karfiol im Ganzen im Ofen, kann er mit den unterschiedlichsten Aromen versetzt werden. Sogar Waldaromen in Form von Tannen- oder Fichtenzweigen sind denkbar.

Eine weitere Art von Metamorphose erfährt der Karfiol, indem er als Ersatzprodukt auftritt: Während manch andere Gemüse als Fleischersatz dienen (etwa Erbsenprotein, Rote Rüben/Rote Beten etc.), geht es bei Karfiol fast unisono um Getreideersatz, der v.a. bei Low-Carb-Anhänger*innen für Anklang sorgt. Das funktioniert, weil Karfiol einen hohen Ballaststoffanteil aufweist. Für eine Karfiolpizza wird aus Karfiol ein Pizzaboden fabriziert. Dafür werden Karfiolröschen kurz in Salzwasser gegart und abgeschreckt oder im Ofen einige Minuten weich geröstet und anschließend gerieben oder im Mixer reiskorngroß zerteilt. Alternativ wird er zuerst im Mixer zerkleinert und anschließend mikrowellengegart. Dann wird er je nach Rezept entweder mit geriebenem Käse, Mandelmehl bzw. gemahlenen Mandeln und/oder Ei gemischt und gewürzt. Diese Karfiolmasse streicht man auf ein mit Backpapier ausgelegtes Blech und bäckt das Ganze, bevor mit Tomatensauce bestrichen und mit weiteren Zutaten belegt und fertig gebacken wird. Das werden vielleicht nicht alle mögen – eine gesunde Pizzavariante, die auch Glutensensitive vertragen, ist es allemal.

Karfiolreis wird gemacht, indem man die rohen Röschen nach dem Waschen reibt und danach rezeptspezifisch weiterverarbeitet oder die dampfgegarten Röschen reibt und würzt. Es gibt ihn aber bereits fertig als Tiefkühlprodukt zu kaufen: zerkleinert, je nach Anbieter roh oder blanchiert, bio. Auch Taboulé, ursprünglich ein Couscous-Salat, wird in Low-Carb-Rezepten mit rohem Karfiol statt Couscous zubereitet.

Selbst als Popcornersatz ist (weißer) Karfiol im Einsatz – hier wird er in kleine Stückchen zerteilt, gewürzt und im Ofen geröstet.

Letztlich kann Karfiol als gefriergetrocknetes Pulver erworben werden. Es eignet sich laut Herstellern als Zusatz zu Breien, Proteinshakes, Joghurts oder Smoothies und ist lange haltbar. Da es eine pulvrige Konsistenz hat, ist es – in geringem Ausmaß – auch als Mehlersatz denkbar.

Apropos Ersatz: In einer Studie wurde versucht, den Hühnerhautanteil in Chicken Nuggets durch tiefgekühlten Karfiol zu ersetzen. Bei bis zu 15 Prozent Karfiolanteil an der Nugget-Rezeptur (ohne Kruste) war das Aussehen der Nuggets nicht beeinträchtigt. Bei 20 Prozent Karfiolanteil sank zwar die optische Bewertung ab, dafür punkteten diese Nuggets in der Textur und wurden in der Konsistenz sogar besser bewertet als Standard-Nuggets. Geschmacklich landeten Nuggets mit 5 Prozent Karfiolanteil gleich obenauf mit den Standard-Nuggets ohne Karfiol. Freilich geht es bei diesem Ersatz nicht um Resteverwertung, sondern um den gesundheitlichen Nutzen des Karfiols, der en passant mit den Nuggets mitgegessen wird.

Zu Püree verwandelt findet man Karfiol natürlich auch in Smoothies wieder – gemeinsam mit Beeren, Bananen, Mandelmilch …

Auch im Salat hat sich der Karfiol gewandelt: Gab es früher fast ausschließlich Salate mit gekochten Karfiolröschen, werden sie heute auch mit pfannengerösteten Röschen gemacht. Kombiniert wird der Karfiol im Salat mit Wurzelgemüsen, Zwiebeln und Sojabohnen, mit Früchten, Kapern, Nüssen und Saaten oder mit Kräutern.

Uns soll der Karfiol nun nicht verwandeln, sondern verzaubern – und zwar mit den folgenden Rezepten.

REZEPTE

TO START WITH …

Karfiol-Mohn-»Popcorn«

Als Knabberei zwischendurch oder zum Aperitif.

400 g Karfiol (Röschen) • 20 g gemahlener Mohn • 20 g Rapsöl • Meersalzflocken

Den Backofen auf 180 °C Ober-/Unterhitze vorheizen. Ein Backblech mit Backpapier auslegen. Die Karfiolröschen in sehr kleine (Popcorn-große) Röschen zerteilen. Mit Mohn und Öl vermischen und auf dem Backblech verteilen. Ca. 15 Minuten backen. Salzen und sofort genießen.

Knusprige Karfiolblätter-Chips

2 EL neutrales Pflanzenöl • 1 TL Ras el hanout • 1 TL getrockneter Rosmarin • Salz • innere und äußere Blätter von 1 Karfiol (ohne die dicken Blattrippen, die schmecken im Karfiol-Blattrippengemüse von S. 35)

Den Backofen auf 200 °C Ober-/Unterhitze vorheizen. Ein Backblech mit Backpapier auslegen. 1 EL Öl mit dem Ras el hanout und 1 EL Öl mit Rosmarin vermischen. Salzen. Jeweils die Hälfte der Blätter durch die verschieden gewürzten Öle ziehen und auf das Backpapier legen. 15 Minuten backen, kurz auf Küchenkrepp abtropfen lassen und sofort knabbern.

Karfiol-Taboulé

Karfiol-Taboulé war für mich eine der größten Überraschungen. Man findet dazu zahlreiche Rezepte im Internet – ich habe sie lange ignoriert, weil sie für mich den Beigeschmack eines Imitats hatten, der Karfiol ahmt schließlich Couscous nach. Dann einmal – auf diese Weise – gemacht und seither immer wieder! Der Salat passt wunderbar zu Falafel und macht sich als Grillbeilage hervorragend. Er muss nicht ziehen, sondern kann sofort gegessen werden. Er lässt sich aber auch vorbereiten und im Kühlschrank einige Stunden aufbewahren.

Für 2 Portionen: 250 g Karfiol (Röschen) • 1 große rote Spitzpaprika (100 g Fruchtfleisch) • 25 g gemischte Kräuter (ca. 1 große Handvoll – Dill, Petersilie und Minze, nicht zu viel Minze, sie überlagert leicht den Geschmack) • 1 EL Zitronensaft • 1 EL Olivenöl • 1 Pimentkorn (gemörsert) • ½ TL Meersalzflocken

Den Karfiol fein reiben oder in einem Cutter oder Thermomix zerkleinern, die Körnchen sollen Couscous-Größe haben. Die rote Paprika in sehr kleine Würfel schneiden. Die Kräuterblättchen abzupfen und fein hacken. Karfiol, Paprika, Kräuter, Zitronensaft, Olivenöl, Piment und Salz gut vermischen und abschmecken.

Karfiol-Tomaten-Salat

Für 2 Portionen: 300g Karfiol (Röschen) • 150g Cocktailtomaten • 1EL Mandeln (gehackt) • 2EL Zitronensaft • 1EL Olivenöl • 1EL Basilikumblättchen (gehackt) • 1TL Liebstöckelblättchen (gehackt) • ¼ TL Paprika edelsüß • ½ TL Kreuzkümmelsamen (geröstet und gemörsert) • Salz

Die Karfiolröschen dampfgaren oder in Salzwasser bissfest kochen, abtropfen und abkühlen lassen. Die Cocktailtomaten halbieren. Karfiol, Tomaten und Mandeln in einer Schüssel mischen. Aus Zitronensaft, Olivenöl, Basilikum, Liebstöckel, Paprikapulver, Kreuzkümmel und Salz ein Dressing rühren und den Salat marinieren. Abschmecken.

Lauwarmer Karfiol mit Zitrone, Kapern und Parmesan

Eigentlich ein Brokkoli-Klassiker, der aber mit Karfiol genauso gut schmeckt. Am besten lauwarm, mit einem Stück gutem Brot. Für mich ein schnelles und beliebtes Mittagessen.

Für 2 Portionen: 350g Karfiol (Röschen) • 2EL kleine Kapern • 1EL Olivenöl • 1EL Zitronensaft • Salz • Parmesanshavings

Die Karfiolröschen dampfgaren. In einer Schüssel mit den Kapern mischen. Öl, Zitronensaft und Salz verrühren und den Karfiol damit marinieren. Parmesan darüberhobeln.

Gebratener Karfiolsalat mit Pistazien und Stachelbeeren

Karfiol wird häufig mit Zitrone kombiniert, aber auch Stachelbeeren können ein guter Säurepartner sein. Man kann für dieses Rezept auch tiefgekühlte Stachelbeeren verwenden. Pistazien schmecken nicht nur gut, sie sorgen derzeit auch verstärkt für Aufmerksamkeit: Seit 2020 weiß man, dass die Kerne alle für den Menschen essenziellen Aminosäuren enthalten und damit eine gute, vollständige pflanzliche Eiweißquelle darstellen.

Für 2 Portionen: 1 EL Olivenöl • 1 EL Butter • 300 g Karfiol (mundgerechte Röschen) • 2 EL geröstete Pistazien (geschält) • Salz • 100 g reife Stachelbeeren • 4 TL Honig • 2 EL Apfelsaft • 2 TL Pistazienkernöl

In einer Pfanne Olivenöl und Butter erwärmen und den Karfiol darin braten, bis er bissfest ist. Die Pistazien zum Karfiol geben, 1 Minute mitrösten, salzen und den ganzen Pfanneninhalt in eine Schüssel füllen.

Die Stachelbeeren mit einem Messer einstechen, damit beim Schmoren etwas Flüssigkeit aus der Beere kommt. Beeren in der Karfiol-Pfanne bei milder Hitze einige Minuten schmoren, bis sie weich sind. 2 TL Honig darübergeben und die Beeren sanft karamellisieren lassen. Mit dem Karfiol mischen.

Apfelsaft, restlichen Honig und Pistazienkernöl verrühren, den Salat marinieren und abschmecken.

Quinoasalat mit gebratenem Karfiol, Apfel und Mandeldressing

Für 2 Portionen: 100 g Quinoa tricolore • 300 g Karfiol (kleine Röschen) • 1 EL Rapsöl • 1 Boskoop-Apfel (ca. 200 g, in kleinen Würfeln) • 30 g Mandelmus • 1 EL Apfelessig • 1 TL Honig • Salz

Die Quinoa in Wasser kochen und etwas abkühlen lassen. In der Zwischenzeit die Karfiolröschen im Rapsöl einige Minuten unter Rühren braten, dann die Temperatur auf mittlere Hitze reduzieren und die Röschen weiterbraten, bis sie bissfest sind. Lauwarme Quinoa, gebratene Karfiolröschen und Apfelstücke vermischen. Für das Dressing das Mandelmus mit Apfelessig, 1 EL Wasser, Honig und Salz verrühren und den Salat marineren. Abschmecken.

Marinierter Karfiol mit Mango und Limette

Gerösteter Karfiol in einer Marinade aus Limettensaft, Chili und Koriander – einfach gut.

Für 1 Hauptspeisen- oder 2 Vorspeisen-Portionen: 200 g Karfiol (mundgerechte Röschen) • Salz • 1 Jungzwiebel (Röllchen) • ½ Mango (dünne Scheiben) • 1 EL Olivenöl • 2 Bio-Limetten (Schale von 1 Limette und 3 EL Limettensaft) • 1 EL Orangensaft • Meersalzflocken • 1 TL Zucker • etwas Chilipulver oder frische Chili • 10 g frischer Koriander

Die Karfiolröschen 5 Minuten in Salzwasser kochen, kalt abschrecken und auskühlen lassen. Mit Jungzwiebelröllchen und Mangoscheiben vermischen. Für das Dressing Olivenöl, Limettenschale, Limettensaft, Orangensaft, Salz, Zucker und Chili verrühren und den Karfiol damit marinieren. Kurz durchziehen lassen. Korianderblättchen abzupfen, hacken und drüberstreuen.

Karfiol-Dressing für Blattsalate

Für 2–4 Salatportionen: 100 g Karfiol (Röschen) • 1 EL Olivenöl • 3 EL Condimento bianco • 2 EL Apfelsaft • ½ TL Senf • Salz

Karfiolröschen in Salzwasser kochen, kalt abschrecken und pürieren. Sie brauchen 80 g Püree. Das ausgekühlte Püree mit den restlichen Zutaten vermischen. Die gesamte Marinade verwenden, sie kann nicht aufgehoben werden.

KLEINE GERICHTE & BEILAGEN

Karfiol-Grillspießchen

Karfiol ist zum Grillen gut geeignet: Er ist formstabil, man kann ihn gut aufspießen und vielseitig würzen. Marinieren sollte man ihn aber etwas vorher.

Für 4 kleine Schaschlikspieße: ½ gelbe Zwiebel • 1 EL Olivenöl • 1 EL Zitronensaft • 4 getrocknete Lorbeerblätter (in kleinen Stücken) • Salz • 200 g Karfiol (Röschen)

Die Zwiebel grob reiben, mit Olivenöl, Zitronensaft, Lorbeerblättern und Salz vermischen. Die Karfiolröschen ca. 3 Minuten in Salzwasser kochen, kalt abschrecken und im ausgekühlten Zustand mit der Marinade beizen. Mindestens 2 Stunden ziehen lassen. Dann die Karfiolröschen auf kleine Spieße stecken und im Ofen oder auf dem Outdoor-Grill grillen, bis sie durch und hübsch gebräunt sind.

Karfiol-Shakshuka

Wer denkt beim Brunch an Karfiol? Shakshuka ist aber nicht nur ein spätes Frühstück, sondern auch ein kleines Mittag- oder Abendessen. Die nordafrikanische (und jetzt israelische National-)Speise gibt es in zahlreichen Varianten, sie wird mal mit Feta und mal mit Zitronen ergänzt, immer aber mit Ei. Dieses Rezept ist eine Variante, die man mit oder ohne Ei genießen kann. Und wenn ich ehrlich bin: Das Ei ist hier absolut nicht nötig, der Karfiol ist der Star!

Für 2 Portionen: ½ TL Kreuzkümmelsamen • 2 EL Olivenöl • 1 Zwiebel (gehackt) • 2 rote Spitzpaprika (Fruchtfleisch in dünnen, kurzen Streifen) • 2 TL Zucker • 250 g reife Cocktailtomaten (geviertelt) • 1 TL Thymian • 1 Msp. Paprikapulver edelsüß • 2 Lorbeerblätter • ein paar Safranfäden • Salz • Pfeffer • 2 EL Petersilie (gehackt) • entweder 4 große Scheiben Karfiol (ca. 2 cm dick, à 50 g) ODER 2 Scheiben Karfiol und 2 Eier

Eine mittelgroße Pfanne (mit Deckel – den brauchen Sie später) erhitzen und die Kreuzkümmelsamen fettfrei rösten, bis sie zu duften beginnen. Kreuzkümmel mörsern und wieder zurück in die Pfanne geben. Olivenöl und Zwiebel hinzufügen und ca. 5 Minuten unter Rühren anbraten. Paprikastreifen und Zucker beigeben und weitere 5 Minuten braten. Tomaten, Thymian, Paprikapulver, Lorbeerblätter, Safran, Salz und Pfeffer sowie 100 ml Wasser hinzufügen und auf mittlerer Temperatur 10 Minuten garen, dabei gelegentlich umrühren. Lorbeer entfernen, Hitze reduzieren, die Petersilie dazugeben. Die Karfiolscheiben in die Paprika-Tomaten-Sauce legen, sodass der Karfiol gut eintaucht. Für die vegane (Ei-freie) Variante nun den Deckel auf die Pfanne legen und weitere 15 Minuten garen, bis das Gemüse saucenartig und der Karfiol weich ist, er soll aber noch als Scheibe vorliegen. Der Karfiol hat nun die Aromen der roten Sauce gut aufgenommen. Für die Variante mit Ei nach 5 Minuten Karfiol-Garzeit den Deckel abnehmen. Den Pfanneninhalt etwas auseinanderschieben und zwei Lücken erzeugen, pro Lücke 1 Ei hineinschlagen, salzen und den Deckel wieder auflegen. 10 Minuten bei niedriger Hitze garen. Dazu isst man Brot.

Buntes Karfiol-Tempura mit Rhabarberchutney

Tempura sind frittierte Gemüsestücke oder Garnelen, die vor dem Frittieren in einen speziellen Teig getunkt werden. Das Gericht stammt aus Japan. Dort nimmt man Reismehl und zum Frittieren eine Mischung aus Sesamöl und neutralerem Pflanzenöl. Es funktioniert aber auch mit Weizenmehl und Maisstärke sowie mit anderen Pflanzenölen. Das Wasser am besten mit Eiswürfeln kühlen. Nur wenn der Teig sehr kalt ist, frittiert er auch perfekt. Das Öl sollte eine Temperatur von 160–180 °C haben – ist es kälter, saugt sich der Teig mit Öl voll, ist es heißer, verbrennen die Tempura. Ein Thermometer ist jedoch nicht zwingend nötig: einfach einige Tropfen Teig ins Öl tropfen. Bei 160 °C steigen die Teigtröpfchen sofort auf. In Japan dippt man Tempura in verschiede Saucen. Chutney isst man nicht dazu – ich finde diese Fusion aber unheimlich gut! Die Farbe der Karfiolröschen schimmert durch die Tempura durch – wunderschön!

Für 2 Portionen als Hauptspeise oder 4 Portionen als Vorspeise: 250 g bunter Karfiol (kleine Röschen) • Salz • 70 g glattes Weizenmehl und etwas Mehl zum Wenden • 30 g Maisstärke • 5 g Backpulver • 150 ml eiskaltes Wasser • Pflanzenöl zum Frittieren (z.B. raffiniertes Rapsöl, mit 1 Schuss geröstetem Sesamöl vermengt)

Die Karfiolröschen in Salzwasser kurz kochen, sie sollen noch sehr knackig sein. Abseihen und kalt abschrecken. Für den Tempurateig zuerst Mehl, Stärke, Backpulver und etwas Salz vermischen, dann das eiskalte Wasser dazugeben und KURZ (etwa 10–15 Sekunden) mit einem Schneebesen rühren (nicht mixen). Der Teig soll Blasen werfen und darf noch wenige kleine Klümpchen haben, er soll keineswegs übermischt werden.

Die ausgekühlten Röschen in etwas Mehl wenden (damit der Teig besser haftet), durch den Tempurateig ziehen und in 160–180 °C heißem Öl 3–4 Minuten frittieren. Dabei nicht zu viele Stücke auf einmal ins Öl geben, damit sie nicht verkleben.

Chutney: ½ gelbe Zwiebel (fein gehackt) • 1 EL Rapsöl • 70 g Rohrzucker • 200 g Rhabarber (170 g geschält und in Scheiben geschnitten) • 50 ml Reisessig • Salz • Pfeffer • ½ TL braune Senfsamen • 1 Msp. Zimt • 35 g Rosinen

Chutney: In einem Topf die Zwiebel in Rapsöl bei milder Hitze 5 Minuten glasig dünsten, sie darf nicht braun werden. Zucker hinzufügen, unter ständigem Rühren schmelzen und dabei – immer noch bei geringer Hitze – leicht karamellisieren lassen. Rhabarber in den Topf geben, umrühren und mit dem Reisessig aufgießen. Gewürze und Rosinen beimengen und das Chutney zuerst bei mittlerer, später bei geringer Hitze unter gelegentlichem Rühren ca. 30 Minuten einkochen.

Karfiol-Blattrippengemüse mit Tomate, Datteln und Espresso

Die dicken Blattrippen der äußeren und inneren Karfiolblätter laden aufs Erste nicht zum Essen ein. Dabei sind sie eine regelrechte Delikatesse! Im Internet habe ich ein Gericht mit Karfiolblättern, Tomaten, Rotwein, Nüssen und gemahlenem Kaffeepulver als Gewürz gefunden. Den Kaffeegedanken habe ich weitergesponnen und gieße mit gebrühtem Espresso auf.

Bei diesem Gericht treffen alle fünf Grundgeschmacksrichtungen aufeinander: die dezente Bitterkeit der Blattrippen und des Kaffees, die Säure von Kaffee und Tomaten, die Süße der Datteln und der Tomaten, umami ebenfalls aus den Tomaten und letztlich die Salzigkeit.

Und falls Sie sich fragen, was Sie mit den Karfiolblättern machen sollen: Karfiolblätter-Chips (S. 27)!

Für 2 Portionen als Vorspeise oder Beilage: 1 nussgroßes Stück Butter • 100 g Blattrippen (der Länge nach in schmale, etwa ca. 0,5 cm dicke Streifen geschnitten) • 100 g Cocktailtomaten (halbiert) • 2–3 Datteln (in Streifen) • 1 frisch aufgebrühter Espresso (Sie brauchen davon 2 EL) • Salz

Die Butter in einer Pfanne erwärmen und die Blattrippen einige Minuten bei mittlerer Hitze schmoren. Tomaten, Datteln und Espresso beifügen, salzen und unter gelegentlichem Rühren bei mittlerer Hitze weiterschmoren, bis die Blattrippen durch sind.

Karfiol mit Haselnussbröseln

Gemüse mit Butterbröseln – ob Spargel, Schwarzwurzeln oder Karfiol – sind in der österreichischen Küche fest verankert. Ich werte das Gericht mit Haselnüssen auf. Mit großem Abstand die besten Haselnüsse sind jene aus dem Piemont.

Für 2 Portionen: 250 g Karfiol (Röschen) • 25 g Butter • 35 g Semmelbrösel/geriebenes Weißbrot • 20 g Haselnüsse (frisch gemahlen) • Salz

Die Karfiolröschen in Salzwasser ca. 12 Minuten garen. In einer Pfanne die Butter schmelzen, die Brösel darin hellbraun rösten, Haselnüsse hinzufügen und kurz weiterrösten, salzen. Karfiolröschen in den Haselnussbröseln wälzen.

SUPPEN

Gazpacho mit Karfiol und Zuckermelone

Die Gazpacho ist eine kalte Suppe aus rohem Gemüse, vorwiegend aus Tomaten, Paprika, Gurke und Knoblauch, die mit Weißbrot eingedickt und mit Olivenöl und Essig abgerundet wird. Sie wird traditionell in Südspanien und Portugal gegessen. In den letzten Jahren ist die Gazpacho deutlich breiter geworden: Man isst sie mit Erdbeeren und Wassermelone und auch mit gekochten Gemüsen, aber immer gekühlt.

Für 2 Portionen: 200 g Karfiol (Röschen) • 200 g Zuckermelone (Fruchtfleisch) • 100 ml Orangensaft (frisch gepresst) • 1 TL Zitronensaft • 120 ml kalte Gemüsebrühe • 60 ml Weißwein • Salz • Pfeffer • 1 TL Olivenöl

Die Karfiolröschen dampfgaren, dann komplett abkühlen lassen. Alle Zutaten im Mixer sehr fein pürieren und abschmecken. In den Kühlschrank stellen und kalt genießen.

Borschtsch mit Karfiol

Borschtsch ist eine dicke Suppe, die in Osteuropa verbreitet ist. Üblicherweise wird sie mit Roten Rüben/ Roten Beten und Weißkraut/Weißkohl sowie variablen weiteren Gemüsen gemacht und köchelt lange bei geringer Hitze vor sich hin. Ich mache Borschtsch gerne, indem ich statt Rote-Rüben-Stücken einen Teil der Brühe durch milchsauer vergorenen Rote-Rüben-Saft ersetze. Das geht schnell, und die Säure ist für das Gericht ohnehin wichtig. Statt Weißkraut kommt dessen Verwandter, der Karfiol, ins Spiel. Fertigen Borschtsch isst man mit einem Klecks Sauerrahm / Sauerer Sahne mit frischen Kräutern, meist mit Dill. Borschtsch kann als Suppe oder – mit einem Stück Brot – als Hauptmahlzeit genossen werden.

Für 2 Personen als Suppe oder 1 Person als Hauptgericht: 1 EL Rapsöl • 70 g Lauch (Ringe) • 200 ml milchsauer vergorener Rote-Rüben-Saft • 300 ml Gemüsebrühe • 100 g Karfiol (sehr kleine Röschen) • 100 g Kartoffel (geschält, kleine Würfel) • 50 g Karotte (geschält, dünne Scheiben) • 1 Lorbeerblatt • 1 Pimentkorn (gemörsert) • etwas Zitronenschale • Salz • 4 TL Zitronensaft (frisch gepresst) • Pfeffer • 50 g Sauerrahm • 1 EL Dill (gehackt)

In einem Topf das Öl erwärmen, die Lauchringe bei milder Hitze unter Rühren einige Minuten glasig dünsten. Mit Rote-Rüben-Saft und Gemüsebrühe aufgießen, Karfiol, Kartoffel, Karotte, Lorbeerblatt, Piment und Zitronenschale hinzufügen und salzen. (Die Suppe muss ausreichend gesalzen werden, weil die Brühe durch den Saft verdünnt ist!) Ca. 15 Minuten köcheln lassen – das Gemüse muss weich sein, soll aber nicht zerfallen. Lorbeerblatt entfernen und die Suppe mit Zitronensaft, Salz und Pfeffer abschmecken. Den Sauerrahm mit dem Dill verrühren und zur Suppe reichen. Dazu schmeckt Roggenbrot mit Butter oder Frischkäse.

Varianten: Für mehr Umami-Geschmack kann man 1 EL getrocknete Pilze (15–20 Minuten in etwas Wasser eingeweicht und anschließend klein geschnitten) gemeinsam mit dem Pilz-Einweichwasser zum Gemüse geben und mitkochen.

Karfiolblättersuppe

Beim Kochen von Karfiolgerichten entsteht üblicherweise einiges an Bio-Abfall – dabei können die grünen Blätter eines Bio-Karfiols bedenkenlos gegessen werden. Nur die äußersten Blätter entfernen. Feine, helle innere Blättchen können in Smoothies oder Salaten roh gegessen werden. Quantitativ verwerten kann man sie aber gekocht – etwa als Suppe.

Für 2 Portionen: 1 EL Rapsöl • ½ Zwiebel (gehackt) • 1 Msp. Kreuzkümmel (frisch gemörsert) • 100 g Karfiolblätter (dicke Blattrippen entfernt, in Streifen) • 1 mittelgroßer Kohlrabi (geschält und gewürfelt) • 400 ml Gemüsebrühe • 1 EL geriebener Parmesan • 1 EL Zitronensaft • Salz • Pfeffer

Das Rapsöl erwärmen und die Zwiebel mit dem Kreuzkümmel einige Minuten glasig dünsten. Karfiolblätter und Kohlrabi hinzufügen und mit der Gemüsebrühe aufgießen. 10–15 Minuten köcheln lassen, bis das Gemüse weich ist. Den Parmesan in die Suppe geben und die Suppe fein pürieren. Mit Zitronensaft, Salz und Pfeffer abschmecken.

Karfiol-Erdnuss-Cremesuppe

Für 2 Portionen: 1 EL Rapsöl • 1 mittelgroße Zwiebel (gehackt) • 400 g Karfiol • 400 ml Gemüsebrühe • 25 g cremiges Erdnussmus (100 %, ohne Zusätze) • 3 TL Zitronensaft • Pfeffer • Salz

In einem Topf das Rapsöl erwärmen, Zwiebel einige Minuten darin glasig dünsten. Den Karfiol in Rosen zerteilen (die Stämme werden mitgekocht!), Karfiol und Brühe zur Zwiebel geben und 10–15 Minuten köcheln, bis der Karfiol weich ist. Erdnussmus, Zitronensaft und Pfeffer hinzufügen und die Suppe fein pürieren. Sie wird sehr cremig und mollig. Mit Salz, Pfeffer und Zitronensaft abschmecken. Evtl. mit Brot-Croûtons servieren.

HAUPTSPEISEN

Bunter Gemüseeintopf mit Kichererbsen

Wenn es einen winterlichen Lieblings-Eintopf für mich gibt, dann diesen hier: aromatisch, wärmend, farbenfroh, sättigend, ohne schwer zu sein – und er ist rasch gekocht. Am allerbesten schmeckt mir der Eintopf, wenn er eine Zeit steht und zieht. Ich bereite daher gerne mehr zu und esse ihn am nächsten Tag nochmals!

Ich verwende dafür Puntalette – das sind kleine reisförmige Nudeln. Statt dem Tomatenmark kann auch das gesamte Tomatenabtropfwasser von der Karfiolpizza (S. 47) verwendet werden, dann die Gemüsebrühe-Menge entsprechend reduzieren.

Für 2–3 Portionen: 2 EL Rapsöl • 1 mittelgroße Zwiebel (fein gehackt) • 1 l Gemüsebrühe • 2 TL Tomatenmark • 2–3 kleine Karotten/Möhren (Scheiben) • 1 kleine Pastinake (dünne, halbierte Scheiben) • 3 Stangen Sellerie (Scheiben) • 2 Lorbeerblätter • ½ Karfiol (kleine Röschen) • 1 Dose Kichererbsen (Abtropfgewicht ca. 240 g) • 50 g Puntalette • Pfeffer • 1 Spritzer Zitronensaft • Parmesan zum Bestreuen

Das Rapsöl erwärmen und die Zwiebel bei milder Hitze mit dem Kreuzkümmel einige Minuten darin glasig dünsten. Mit Gemüsebrühe aufgießen und das Tomatenmark einrühren. Karotten, Pastinake, Stangensellerie und Lorbeerblätter hinzufügen und 3 Minuten kochen, dann die Puntalette beigeben und nach weiteren 2 Minuten die Karfiolröschen und die abgetropften Kichererbsen. Die Suppe weitere 10 Minuten kochen lassen, bis das ganze Gemüse weich ist. Lorbeer entfernen und mit Pfeffer und Zitronensaft abschmecken. Im Teller Parmesan darüber hobeln.

Aloo Gobi

Vor 20 Jahren habe ich eine Zeitlang in England gelebt und dort einen indischen Kochkurs belegt. Das Eindrucksvollste dabei war für mich das Zwiebeldünsten. Das wurde zelebriert und dauerte mindestens 45 Minuten, womit die halbe Kocheinheit vorüber war. Derart ausufernd dünste ich sie für dieses Karfiol-Curry nicht. Was mir damals aber bewusst geworden ist: Mit Zwiebeln lassen sich Saucen wirklich gut eindicken.

Für 3 Portionen: 1 kleine Zwiebel (fein gehackt) • 2 EL Rapsöl • 1 TL Kurkuma • ¼ TL gemahlener Kardamom • ½ TL Kreuzkümmelsamen (gemörsert) • ½ TL Koriandersamen (gemörsert) • Chilipulver (nach Geschmack) • 1 Dose Tomaten (400 g) • 250 g Kartoffeln (geschält, in Würfeln) • 300 g Karfiol (kleine Röschen) • Salz • 1 TL Garam Masala • frischer Koriander zum Garnieren

Die Zwiebel in Rapsöl langsam bei mittlerer Hitze ca. 15 Minuten schmoren. Alle Gewürze außer Salz und Garam Masala kurz mitrösten, dann mit den Tomaten aus der Dose aufgießen. Kartoffeln und Karfiol hinzufügen und zugedeckt köcheln lassen, bis das Gemüse weich ist. Mit Salz und Garam Masala abschmecken, noch 1 Minute köcheln lassen und mit frischem Koriander bestreuen. Dazu passt Basmatireis oder Naan (indisches Fladenbrot).

Parathas mit Romanesco

Parathas sind indische Fladenbrote aus ungesäuertem Teig, die unterschiedlich gefüllt sein können: mit Karfiol, Kartoffeln oder Paneer-Käse. Dazu isst man in Indien Chutney, Pickles oder Joghurt – man braucht aber auch gar nichts dazu. Traditionell werden Parathas in Ghee gebraten, ich verwende jedoch raffiniertes Rapsöl (es hat keinen Eigengeschmack, ich möchte ja die Gewürze schmecken, und es ist aus gesundheitlicher Sicht eines der besten Öle). Bei den Gewürzen kann man nach Lust und Laune variieren, etwa auch etwas Ingwer dazugeben. Man kann statt 4 großer auch 6 kleinere Parathas machen.

Für 4 große Parathas: 300 g Universalweizenmehl • 4 EL Rapsöl plus etwas zum Backen • Salz • 270 g Romanesco (Röschen) • 3 kleine Jungzwiebeln (in sehr feinen Ringen) • ¼ TL Kreuzkümmelsamen (gemörsert) • 1 Msp. Chilipulver • je 1 Handvoll frische Koriander- und Petersilienblätter (gehackt) • ½ TL Garam Masala

Das Mehl, 3 EL Rapsöl, 1 gestrichenen TL Salz und 150 ml lauwarmes Wasser zu einem Teig mischen, diesen 3–4 Minuten kneten und die Teigkugel in eine Frischhaltefolie wickeln. Bei Zimmertemperatur rasten lassen, bis die Füllung fertig ist.

Für die Füllung den Romanesco im Cutter sehr fein (etwa wie Couscous) zerkleinern. Wer kein entsprechendes Küchengerät besitzt, kann ihn auch fein reiben. 1 EL Rapsöl erhitzen, Jungzwiebeln, Kreuzkümmel und Chili darin einige Minuten unter Rühren dünsten. Dann den Romanesco hinzufügen und weitere 4–5 Minuten dünsten. Die Kräuter, ½ gestrichenen TL Salz sowie das Garam Masala hinzufügen und die Mischung kurz abkühlen lassen.

Den Teig in vier gleich große Teile portionieren. Die erste Teigportion rund (ca. 25 cm ø) ausrollen. Ein Viertel der Romanesco-Füllung dünn darauf verteilen, 1 cm Rand frei lassen. Den Rand mit Wasser bestreichen, die Flade zusammenklappen und die Ränder andrücken. Den entstandenen Halbkreis nochmals leicht mit dem Nudelholz dünner rollen, sodass er oval ist. Mit den restlichen drei Teigportionen analog verfahren.

In einer großen Pfanne etwas Rapsöl erhitzen, Parathas nacheinander auf beiden Seiten backen, bis sie schön bräunen. Das dauert pro Paratha ein paar Minuten. Fertige Parathas auf ein Kuchengitter legen. Die Parathas bleiben ausreichend warm, bis alle fertig sind.

Karfiol-Kuku

Zu diesem Rezept hat mich ein Grünkohl-Kuku von Sabrina Ghayour in ihrem großartigen Buch »Vegetariana« inspiriert. Kuku kommt aus der persischen Küche und wird ähnlich wie eine Frittata gemacht, enthält weniger Eier, dafür aber mehr Gemüse.

Für 2 Portionen: 330 g Karfiol (Röschen) • 3 Jungzwiebeln • 1 EL Rapsöl • Butter für die Auflaufform • 3 große Eier • 1 EL Sauerrahm/Saure Sahne • 1 EL Universalweizenmehl • 1 TL Backpulver • einige Safranfäden (gemörsert, 2 gehäufte Msp.) • ¼ TL Kurkuma • Salz • Pfeffer • 75 g Feta • 1 EL Pinienkerne • 1 EL Rosinen • 1 EL getrocknete Berberitzen

Die Karfiolröschen 5 Minuten in Salzwasser kochen (sie sollen auf jeden Fall maximal bissfest sein, weil sie noch gebacken werden). Jungzwiebeln in feine Röllchen schneiden und im Rapsöl dünsten, abkühlen lassen. Den gegarten Karfiol in kleine Stücke schneiden (ca. 1 cm).

Den Backofen auf 200 °C Ober-/Unterhitze vorheizen. Eine Form (ich hatte eine ovale mit 20 cm Länge) mit Butter ausstreichen.

Eier, Sauerrahm, Mehl, Backpulver, Safran, Kurkuma, Salz und Pfeffer glatt rühren. Den Feta klein würfeln und unter die Mischung rühren.

Karfiol und Jungzwiebeln mit der Eier-Mischung vermengen. Pinienkerne, Rosinen und Berberitzen beigeben, gut vermischen und mit Salz und Pfeffer abschmecken. Alles in die Auflaufform füllen, glatt streichen und ca. 40–45 Minuten backen (Nadelprobe machen, ob das Ei gestockt und innen nicht mehr flüssig ist. Bei einer flacheren, größeren Form reduziert sich die Backzeit entsprechend). 15 Minuten auskühlen lassen. In Stücke schneiden.

Karfiol-Birnen-Curry

Bei diesem Curry wird (fast) der ganze Karfiol verwertet, auch Blätter und Strunk. Lediglich große, nicht mehr schöne Außenblätter werden entfernt. Das Curry habe ich gemeinsam mit meiner Freundin Marlies entwickelt, mit der ich oft und gerne koche.

Die angegebenen Mengen reichen auch für ein paar Gäste. Wer will schon eine halbe Dose Kokosmilch oder eine halbe Süßkartoffel im Kühlschrank haben?

Für 6 Portionen: 1 mittelgroßer Karfiol (950 g samt Strunk und inneren Blättern) • 1 große Zwiebel (gehackt) • 2 EL Rapsöl • 1 walnussgroßes Stück Ingwer (geschält, gehackt) • 1 TL Kurkuma • ½ TL Koriander (gemörsert) • ½ TL Bockshornklee (gemörsert) • ¼ TL gemahlener Zimt • ¼ TL gemahlener Kardamom • 300 g orange Süßkartoffel (geschält, gewürfelt) • 1 Dose Kokosmilch (400 ml) • Salz • Pfeffer • 2 mittelgroße feste Birnen • 1 gehäufter TL Garam Masala • einige Spritzer Zitronensaft

Den Karfiol in kleine Röschen zerteilen. Den Strunk sehr fein würfeln, die Blätter in Streifen schneiden. Die Zwiebel in Rapsöl bei mittlerer Hitze 15 Minuten lang unter Rühren glasig dünsten. Nach 15 Minuten den Ingwer hinzufügen und mitdünsten. Kurkuma, Koriander, Bockshornklee, Zimt und Kardamom beifügen und 1 Minute mitdünsten. Mit ca. 500 ml Wasser aufgießen. Karfiolstücke und -blätter sowie Süßkartoffel dazugeben, Kokosmilch hinzufügen, mit ca. 2 TL Salz (bzw. nach Geschmack) sowie etwas Pfeffer würzen. Das Curry garen, bis das Gemüse weich ist. Dann die Birnen in kleine Stücke schneiden und unter das Curry geben. Kurz weitergaren, die Birnen sollen etwas Biss behalten. Garam Masala und Zitronensaft dazu und das Curry abschmecken. Als Beilage schmeckt Basmatireis.

Karfiolrisotto mit Weintrauben

Karfiol heißt mancherorts auch Traubenkohl – dieses Rezept ist also doppelt stimmig! Ausgangsrezept war in diesem Fall ein »Risotto mit karamellisiertem Blumenkohl, Trauben und Apfel« aus dem Risotto-Kochbuch »Risotto ti amo!«. Statt Karfiolstückchen wird bei diesem Rezept Karfiolpüree unter das fertige Risotto gemischt, die Trauben werden sechs Stunden lang im Ofen gebacken. Die Zutaten im Originalrezept – sehr viel Butter und Schlagobers – waren mir aber deutlich zu üppig, und ich wollte auch ein schnelleres Essen. Dies hier wurde dann meine abgespeckte und deutlich veränderte Variante – und ist es auch geblieben. Am besten nimmt man Carnaroli-, Arborio- oder Vialone-Reis. Vanille harmoniert besonders gut mit Karfiol, ich habe bei diesem Rezept daher Vanillezucker (unbedingt mit echter Vanille) zum Karamellisieren der Trauben verwendet.

Für 4 Portionen: 400 g Karfiol (Röschen) • 40 g Butter • 100 g Schlagobers/Schlagsahne (oder für eine »leichtere« Rezeptvariante stattdessen Ricotta) • 1 Schuss Milch • Muskatnuss • Salz • Pfeffer • Zitronensaft • 1 Zwiebel (fein gehackt) • 1–2 EL Rapsöl • 300 g Risottoreis • 600 ml Gemüsebrühe • 200 g kernlose, grüne Weintrauben (halbiert) • 2 gehäufte TL Vanillezucker • Parmesan (frisch gerieben)

Die Karfiolröschen in der Butter bei milder Hitze unter Rühren einige Minuten leicht anbraten. Schlagobers und Milch dazugeben und den Karfiol weich garen. Pürieren und mit Muskatnuss, Salz, Pfeffer und Zitronensaft abschmecken. Dieses Püree wird später unter das fast fertige Risotto gerührt und macht es sehr cremig. (Für die Ricotta-Variante wird der Karfiol dampfgegart oder gekocht und anschließend mit Ricotta und Milch püriert und gewürzt.)

In der Zwischenzeit das Risotto zubereiten: Zwiebel in Rapsöl anschwitzen, Reis hinzufügen, kurz mitrösten, sukzessive mit Gemüsebrühe aufgießen und köcheln lassen, gelegentlich umrühren.

Kurz vor Ende der Garzeit das Karfiolpüree in das Risotto mischen und noch etwas ziehen lassen. Für das Topping die Weintrauben in einer Pfanne in Vanillezucker karamellisieren. Risotto mit den karamellisierten Trauben und Parmesan bestreuen.

Low-Carb-Pizza

Für Karfiolpizza wird der Karfiol meist zerkleinert und Mikrowellen-gegart oder kurz geröstet. Ich habe auf diesen Schritt verzichtet – wenn der Karfiol stark zerkleinert und ein paar Minuten länger gebacken wird, funktioniert das genauso gut. Ich streiche die Mini-Pizzen in Spiegelei-Ringe hinein (die ich für Eier nie verwende, hier aber tatsächlich praktisch sind) und rolle sie dann noch etwas dünner aus. Die passierten Tomaten sollten vor der Verwendung mindestens 60 Minuten in einem feinen Sieb abtropfen, damit die Konsistenz dicker und konzentrierter wird.

Für 12 Mini-Pizzen: 350 g passierte Tomaten • 400 g Karfiol (Röschen) • 50 g Mandelmehl • 1 Ei • 100 g geriebener Gruyère • Salz • Pfeffer • Mozzarella oder Käse nach Wahl • frische Basilikumblättchen

Ein sehr feines Sieb in eine Schüssel hängen und die Tomaten hineingießen. Mindestens 60 Minuten abtropfen lassen (Abtropf-Tomatenwasser auffangen und für andere Gerichte verwenden, z.B. für den Eintopf von Seite 40). Den Backofen auf 200 °C Ober-/Unterhitze vorheizen, zwei Backbleche mit Backpapier auslegen.

Für die Pizzaböden den Karfiol in einer Küchenmaschine sehr fein häckseln. Mit den gemahlenen Mandeln, dem Ei, Parmesan, Salz und Pfeffer vermengen. Mit einem Esslöffel kleine, dünne Pizzaböden auf das Backpapier platzieren (1 gehäufter EL Masse pro Boden) und mit einem Nudelholz auf ca. 10 cm Durchmesser ausrollen. Die Böden 15–18 Minuten vorbacken. Abgetropfte Tomaten salzen und auf den vorgebackenen Böden verteilen, Käse darauflegen und weitere 15 Minuten backen. Die Pizza hält gut zusammen und kann mit einem Pfannenheber leicht vom Papier genommen werden. Mit frischen Basilikumblättchen bestreuen.

Karfiolsteaks mit Miso-Honig-Sesamglasur

Von diesen Steaks kann man auch zwei essen! Dazu passen frische Salate, Reis, Tofu …

Für 2 Portionen: 30 g Miso (z.B. Soja-Gerstenmiso) • 4 TL Sesamöl • 2 TL flüssiger Honig • 2 TL Zitronensaft • 4 Scheiben Karfiol mit ca. 2 cm Stärke (ca. 400 g)

Den Ofen auf 200 °C Ober-/Unterhitze vorheizen. Ein Backblech mit Backpapier auslegen. Miso, Sesamöl, Honig und Zitronensaft zu einer Paste verrühren. Die Karfiolsteaks auf das Blech legen und mit einem Pinsel mit der Hälfte der Paste bestreichen. Ca. 25 Minuten im Ofen schmoren. Wenn der Karfiol fast gar – sprich: verzehrfertig – ist, die restliche Paste daraufstreichen (nicht wenden) und weitere 5 Minuten überbacken.

Im Ganzen geschmorter Ofenkarfiol mit Kräuter-Joghurt-Sauce

Die aktuell wohl am meisten gehypte Karfiolzubereitung ist der im Ofen geschmorte Karfiol im Ganzen. Im Internet gibt es hunderte Varianten für dieses Gericht: Die Backtemperaturen rangieren zwischen 180 und 250 °C, die Backdauer ist folglich ebenso variabel. Mal wird der Karfiol vorab gekocht, mal nicht, und mal wird er in Alufolie gewickelt. Es variiert die Art der Würzung und der Zeitpunkt dafür – mal vor dem Backen, mal wird der Karfiol nachträglich mit einem Kräuterpesto überzogen. Und letztlich variiert auch das, was es dazu gibt. Der israelische Koch Eyal Shani gilt zwar nicht als Erfinder des beliebten Gerichts, er dürfte aber dank seiner Miznon-Restaurants für dessen Verbreitung zumindest mitverantwortlich sein. Sein Rezept ist so einfach wie bestechend: Karfiol wird in stark gesalzenem Wasser gekocht, dann mit Olivenöl und Meersalz eingerieben und im Ofen bei sehr hoher Temperatur gebacken. Und so mache ich es:

Für 2 Portionen: 1 kleiner bis mittelgroßer Karfiol • Salz • ca. 2 EL Olivenöl • Meersalzflocken • weitere Gewürze nach Lust und Laune

Den Backofen auf 180 °C Ober-/Unterhitze vorheizen, ein Backblech mit Backpapier auslegen. In einem großen Topf Salzwasser aufkochen. Den Karfiol waschen, Strunk und Blätter entfernen (und anders verwerten), den ganzen Karfiol ins Kochwasser legen und ca. 3 Minuten kochen. Abtropfen lassen und auf das Blech legen. Mit Olivenöl und Meersalz und etwaigen weiteren Gewürzen einreiben und im Ofen 30–40 Minuten goldbraun backen (eventuell die letzten Minuten die Grillfunktion einschalten). Die gewünschte Konsistenz lässt sich mit einer Gabel gut überprüfen, er soll innen zart und außen leicht gebräunt sein. Ich esse dazu gern Rosmarinkartoffeln und Kräuterjoghurt mit allem, was der Balkon so hergibt. Besonders gut finde ich eine Variante mit Koriander und Zitronenthymian, 1 Spritzer Zitronensaft und Salz.

Pikanter Karfiol-Cheesecake mit Preiselbeeren

Dieses Rezept verdanke ich meiner dreijährigen Tochter, die Karfiol geschmacklich liebt, die Textur ganzer Röschen aber weniger. Als Sensorikerin bin ich mir bewusst, wie wichtig das Mundgefühl für die Akzeptanz bzw. Ablehnung einer Speise ist. Ergo habe ich eine Quiche zu einer Art pikantem Cheesecake umfunktioniert: Die Füllung ist eine homogene Masse, Karfiol, Ei und Käse verschmelzen miteinander. Karfiol heißt ohnehin mancherorts Käsekohl – vielleicht ein Hinweis darauf, wie gut er gemeinsam mit Käse schmeckt. Der Teigboden wird mit Mandelmus statt Butter schön nussig und geschmeidig. Halb Vollkornmehl, halb weißes Mehl verleihen ihm geschmackliche Komplexität und machen ihn natürlich auch gesünder als herkömmliche Mürbteige.

Für 1 Quicheform mit 25 cm ø: 90 g Weizenvollkornmehl • 90 g Universalweizenmehl • Salz • 85 g Mandelmus • 3 Eier • 50 g Frischkäse • 500 g Karfiol (Röschen samt Stielen) • Salz • Pfeffer • Muskatnuss • 60 g Sauerrahm/Saure Sahne • Butter für die Form • 100 g Käse (z.B. Asiago oder Bergkäse, gerieben) • Preiselbeerkompott

Für den Mürbteig die beiden Mehle und Salz vermischen. Mandelmus, 1 Ei und den Frischkäse hinzufügen und mit den Händen zu einem geschmeidigen Teig kneten. Den Teig 60 Minuten ruhen lassen.

In der Zwischenzeit die Füllung vorbereiten: Den Karfiol dampfgaren oder in Salzwasser kochen und pürieren. Mit Salz, Pfeffer und Muskatnuss würzen. Die restlichen beiden Eier mit dem Sauerrahm vermengen.

Den Backofen auf 180 °C Umluft vorheizen. Quicheform mit Butter einfetten. Den Mürbteig ausrollen und die Form damit auskleiden. Das Karfiolpüree auf den Mürbteigboden streichen, mit dem Eier-Rahm-Guss überziehen und den Käse darüberstreuen.

Die Formen in den Ofen schieben und den »Cheesecake« etwa 35–40 Minuten backen. Einige Minuten auskühlen lassen. Das Preiselbeerkompott (das letztlich wie Marmelade ist) entweder dazu reichen oder Kleckse auf die Quiche machen oder sogar dünn daraufstreichen. Der Cheesecake schmeckt am besten frisch aus dem Ofen.

Karfiol-Bananen-Apfel-Smoothie

Dass roher Karfiol und Banane zusammenpassen, weiß ich seit den 1980er Jahren. Damals stieß ich auf einen Bananen-Karfiol-Salat. Klang schräg – schmeckte mir aber. Nun verbinde ich die beiden in Form eines Smoothies.

Für 2 Portionen: 100 g Karfiol (Röschen) • 1 mittelgroße Banane (100 g Fruchtfleisch) • 200 ml naturtrüber Apfelsaft • etwas abgeriebene Bio-Orangen- oder Bio-Mandarinenschale

Alle Zutaten plus 100 ml Wasser im Standmixer sehr fein pürieren.

Karfiol-Kokos-Pralinen

Von diesen Frisch-Pralinen kann man ruhig mehrere auf einmal essen! Meine Tochter hat sich regelrecht auf das süße Fingerfood gestürzt. Die Kombination von Karfiol und Kokos funktioniert süß, aber auch pikant (siehe S. 45, Karfiol-Birnen-Curry).

Für ca. 20 Pralinen: 50 g Karfiolpüree (aus dampfgegartem oder gekochtem Karfiol, ohne Zusätze püriert und abgekühlt) • 50 g Doppelrahm-Frischkäse • 50 g Zucker • 70 g Kokosflocken plus Kokosflocken zum Wälzen • etwas Zitronenschale (frisch abgerieben)

Alle Zutaten gut vermischen und die Masse kühl stellen. Kleine Kugeln formen und in den Kokosflocken wälzen – das sieht nicht nur hübsch aus, sondern verhindert ein Zusammenkleben der Bällchen. Kühl stellen und am selben oder nächsten Tag aufessen!

Mango-Karfiol-Eis

Wüsste man nicht, dass Karfiol im Eis enthalten ist, käme man vermutlich auch nicht drauf – so gut ist er eingebettet in die Süße der Mango und des Zuckers, die Säure des Zitronensafts, den Fettgehalt des Obers. Was nicht heißt, dass es wie reines Mangoeis schmeckt – es schmeckt eindeutig nach mehr. Schwefelig ist das Eis gar nicht, Küchengeruch erzeugt es auch keinen.

Was es für dieses Rezept jedoch braucht, ist ein leistungsstarker Standmixer, der auch Gefrorenes mixen kann, oder einen Thermomix. Friert man in der Eismaschine, müssen Mango und roher Karfiol vorher feinst püriert werden, was auch wieder nur eine leistungsstarke Küchenmaschine schafft.

Für 2 Portionen: 30 g Staubzucker/Puderzucker • 150 g tiefgefrorene Mangostücke (die kann man gefroren kaufen oder selbst erzeugen; wichtig ist, dass die Würfel nicht zusammenkleben) • 50 g Tiefkühl-Karfiolreis • ¼ TL gemahlene Vanille • 40 ml Schlagobers/Schlagsahne • 1 kräftiger Spritzer Zitronensaft

Den Zucker, gefrorene Mangowürfel und gefrorenen Karfiolreis im Küchengerät sehr, sehr fein zerkleinern. Vanille, Obers und Zitronensaft hinzufügen und gut mixen, die Masse muss cremig sein. Abschmecken und sofort genießen.

Karfiol-Schoko-Eis

Karfiol und Kakao (und damit natürlich auch dunkle Schokolade) harmonieren dem Food-Pairing-Prinzip entsprechend gut. Und da man für Eis keine riesigen Karfiolmengen benötigt, eignen sich Eisrezepte wunderbar zur Resteverwertung. Karfiol ist hier eine wunderbare Trägersubstanz.

Für 4 Kugeln: 100 ml Schlagobers/Schlagsahne • 50 ml Milch • 100 g dunkle Schokolade (75 % Kakaoanteil) • 100 g Karfiolpüree (aus gekochten oder dampfgegarten Karfiolröschen) • 40 g flüssiger Honig

Schlagobers aufschlagen. Die dunkle Schokolade in der Milch vorsichtig schmelzen lassen – die Masse soll nicht warm sein. Alle Zutaten vermengen und in einer Eismaschine gefrieren lassen. Alternativ im Gefrierfach frieren und alle 15 Minuten umrühren, damit sich keine großen Kristalle bilden.

Karfiol-Vanilleeis

Ja, Karfiol-Vanilleeis an sich ist durchaus speziell! Als Autorin der Vanille-Gourmandise kann ich mir folgenden zusätzlichen Tipp aber nicht verkneifen: Bereiten Sie das Eis mit unterschiedlichen Vanillen zu – mal mit der Bourbonvanille *Vanilla planifolia*, mal mit der Tahitivanille. So variiert auch der Eisgeschmack jedes Mal: *Vanilla planifolia* enthält deutlich mehr Vanillin, ist also »vanilliger« als die Tahitivanille, welche wiederum nach Anis, blumig, fruchtig, parfümiert sowie nach Mandeln, Nüssen, Beeren, Karamell und Holz duftet.

Für 6 Kugeln: 100 g Schlagobers/Schlagsahne • 100 g Ricotta, 100 g Sauerrahm/Saure Sahne • 100 g Staubzucker/Puderzucker • 100 g Karfiolpüree (aus dampfgegartem oder gekochtem Karfiol, ohne Zusätze püriert, abgekühlt) • Mark von 2 Vanilleschoten • 4 TL Zitronensaft

Das Schlagobers kurz aufschlagen, mit den anderen Zutaten mixen und in die Eismaschine füllen. Alternativ die Eismasse im Gefrierfach frieren und alle 15 Minuten umrühren, damit sich keine großen Eiskristalle bilden.

Coup Cauliflower

In Österreich, v.a. im Bundesland Steiermark, isst man gerne Vanilleeis mit Kürbiskernöl. Das schmeckt auch zum Karfiol-Vanilleeis!

Pro Portion: Karfiol-Vanilleeis (s.o.) • etwas Kürbiskernöl • 2 EL Kürbiskerne (in der Pfanne trocken geröstet und anschließend grob gehackt)

Eiskugeln formen, mit etwas Kürbiskernöl begießen und mit den Kürbiskernen bestreuen.

LITERATUR

Amin, W. S. The Antioxidant Activity and Sensory Properties of Pretzels Supplemented With Cauliflower Stems. Journal of Specific Education and Technology (Scientific and Applied Research).

Azpeitia, E. et al. (2021). Cauliflower fractal forms arise from perturbations of floral gene networks. Science, 373(6551), 192–197.

Derndorfer, E., Gruber, M. (2015). Farben essen. Maudrich Verlag.

Derndorfer, E., Gruber, M. (2017). Farben und ihre Einflüsse auf die sensorische Produktwahrnehmung. DLG-Expertenwissen 3/2017.

Derndorfer, E., Gruber, M. (2017). Kulinarische Schwarz-Weiß-Malerei. Journal Culinaire 25.

El-Anany, A. M., Ali, R. F., & Elanany, A. M. (2020). Nutritional and quality characteristics of chicken nuggets incorporated with different levels of frozen white cauliflower. Italian Journal of Food Science, 32(1).

Frank, D. et al. (2021). In-Mouth Volatile Production from Brassica Vegetables (Cauliflower) and Associations with Liking in an Adult/Child Cohort. Journal of Agricultural and Food Chemistry, 69(39), 11646–11655.

Goerg, K. (2021). Kohl. Mehr als nur ein Wintergemüse. ErnährungsUmschau 11, 73 ff.

Hashem, A., Mousa, E., & Adawy, E. (2021). The Use of Cauliflower Waste Extracts As a Natural Antioxidant to Improve Quality of Beef Sausage. Egyptian Journal of Food Science, 49(2), 199–211.

Hawkins, M. (2021). Blumenkohl. Wissenswertes über Obst und Gemüse #10. KDP.

Heistinger, A. (2010). Arche Noah. Handbuch Bio-Gemüse, Löwenzahn Verlag.

Heller, E. (2011). Wie Farben wirken. Farbpsychologie. Farbsymbolik. Kreative Farbgestaltung. Rowohlt Taschenbuchverlag, 6. Auflage.

Ottolenghi, Y. (2018). Simple. DK Verlag.

Reinhardt, G., Gärtner, S., Wagner, T. (2020). Ökologische Fußabdrücke von Lebensmitteln und Gerichten in Deutschland. https://www.ifeu.de/fileadmin/uploads/Reinhardt-Gaertner-Wagner-2020-Oekologische-Fußabdruecke-von-Lebensmitteln-und-Gerichten-in-Deutschland-ifeu-2020.pdf

Schaschinger, L. (2021). Blumenkohl. Gemüse, Band 5. Eigenverlag.

Segnit, N. (2012). Der Geschmacksthesaurus. Bloomsbury.

Sharma, R., & Prasad, R. (2019). Organoleptic Evaluation of Value Added Products Prepared from Fresh Cauliflower Outer Leaves and Stems. International Journal of Agriculture Inniovation and Research 7(4).

Vierich, T., Vilgis, T. (2012). Aroma. Die Kunst des Würzens. Stiftung Warentest.

Wieczorek, M. N. et al. (2022). The relation between phytochemical composition and sensory traits of selected Brassica vegetables. LWT, 156, 113028.

https://1mal1japan.de/japanische-kueche/tempura/#TeigWeizenmehl

https://cooking.nytimes.com/recipes/1022140-cauliflower-and-banana-peel-curry?action=click&module=Global%20Search%20Recipe%20Card&pgType=search&rank=1

https://de.wikipedia.org/wiki/Fibonacci-Folge

https://delecioussfood.com/chef-yotam-ottolenghi-talks-about-family-his-favorite-vegetable-and-a-wonderful-salmon-recipe/

https://educalingo.com/de/dic-de/karfiol

https://foodfaq.org/is-cauliflower-really-a-flower/

https://vinepair.com/articles/wine-pairings-for-your-favorite-cauliflower-dishes/

https://www.forum-ernaehrung.at/artikel/detail/news/detail/News/obst-und-gemuese-weiss-ist-trumpf/

https://www.gastro.news/magazin/miznon-verraet-geheimnis-um-perfekten-goldenen-karfiol-und-praesentiert-neue-gerichte/https://www.gewuerze-der-welt.net/rezepte/beiwerk/gebratene-blumenkohlstaengel-mit-kaffee-tomaten

http://www.hortipendium.de/Botanik_Blumenkohl

https://www.maerchenwirkstatt.de/files/Das-Maerchen-von-den-Katzen.pdf

https://www.meine-ernte.de/gemuese-abc/blumenkohl/

https://www.nzz.ch/feuilleton/buecher/fraktale-strukturen-was-literatur-mit-blumenkohl-zu-tun-hat-ld.89892?reduced=true

https://www.plantura.garden/gemuese/blumenkohl/blumenkohlsorten

https://www.youtube.com/watch?v=CqIE6xSRiAY

EVA DERNDORFER

ist selbstständige Ernährungswissenschafterin und Spezialistin im Bereich der Lebensmittelsensorik. Die Autorin zahlreicher Fach-, Sach-, Kinder- und Kochbücher hält Sensorikschulungen und Genussworkshops. Im Mandelbaum Verlag ist sie Autorin der kleinen gourmandisen »Melanzane/Aubergine«, »Vanille«, »Erbse« und – gemeinsam mit Inge Fasan – der »Karotte/Möhre«.

www.evaderndorfer.at

REZEPTVERZEICHNIS

mandelbaums *kleine gourmandisen*

Jeweils 60 Seiten | Euro 14,– | Gebunden

ARTISCHOCKE
AVOCADO
BANANE
BASILIKUM
BIRNE
DATTEL
ERBSE
ERDNUSS
FEIGE
FENCHEL
GRANATAPFEL
GURKE
HEIDELBEERE
HOLUNDER
JOHANNISBEERE
KAKAO
KARFIOL BLUMENKOHL
KAROTTE MÖHRE
MANDEL
MANGOLD
MARONE ESSKASTANIE
MELANZANE AUBERGINE
MOHN
MORCHEL
ORANGE
PASTINAK
PISTAZIE
QUITTE
RADICCHIO
RHABARBER
ROTE RÜBE ROTE BETE
SAFRAN
SALBEI
SELLERIE
SESAM
SPARGEL
STEINPILZ
TOMATE
THYMIAN
VANILLE
WALNUSS
WEICHSEL SAUERKIRSCHE
ZIMT
ZITRONE
ZUCCHINI
ZWIEBEL